BLV Jagdbiologie

In dieser Reihe:

Helmut Bettmann

Wildtauben

BLV Verlagsgesellschaft München
Verlag ›Das Bergland-Buch‹ Salzburg
Albert Müller Verlag Rüschlikon-Zürich

Bildnachweis:
G. Quedens (S. 33 oben, S. 119 unten), H. Reinhard (S. 33
unten), K. Schendel (S. 34 oben), O. Diehl (S. 34 unten),
F. Siedel (S. 67 oben), H. Bettmann (S. 67 unten, S. 68, S. 85
unten), G. Nitsche (S. 85 oben), Reinhard Rieser (S. 86),
W. Hertzog (S. 119 oben), Zdenek Holecek (S. 120).

© BLV Verlagsgesellschaft mbH, München, 1973

Umschlagentwurf: Franz Wöllzenmüller,
unter Verwendung eines Fotos von R. Hoffer, Goslar.
Satz und Druck: D. Geiger, Mühldorf · Buchbinder: Conzella, München
Printed in Germany — ISBN 3-405-11287-7

Inhalt

Vorwort

Es war in meiner Jugendzeit, kurz vor Ausbruch des Ersten Weltkrieges. An einem schönen Frühlingsmorgen beobachtete ich, wie eine Ringeltaube Reiser in das Geäst der alten Linde trug, die im Vorgarten meines Elternhauses stand. Ich nahm ein Schreibheft, schrieb auf den Umschlag »Die Ringeltaube« und trug von nun an alle Taubenbeobachtungen in das Heft ein.

Dauer sowie Art und Weise des Nestbaues, des Legens, Brütens, der Jungenaufzucht und sonstiges Verhalten wurden gewissenhaft notiert. Auch der Tauberruf mit seinen individuellen Varianten wurde verzeichnet. Die ersten auch überörtlich interessanten Notizen ergaben sich im Laufe des Jahres 1920. Damals begann in meiner Vaterstadt Rheydt am Niederrhein die Verstädterung der Ringeltaube. Im anschließenden Winter konnte ich mit Überraschung feststellen, daß die erstmalig im Stadtinnern brütenden Ringeltauben den ganzen Winter über bei uns blieben. Aus dem pedantisch genauen Aufzeichnen auch der kleinsten Beobachtungen ergab sich, daß es die Bruttauben des Jahres waren und keine zugezogenen Überwinterer.

1923 verließ ich für drei Jahre meine Vaterstadt. Als ich heimkehrte, war mein Taubenheft verschwunden — vermutlich einem Hausputz zum Opfer gefallen. Die Jahre vergingen, ich heiratete, und im Jahre 1935 zog ich mit meiner Familie in das Haus meiner Großeltern. Die ganze Breite des Gartens wurde von einer fast hundertjährigen Libanonzeder ausgefüllt. Als ich eines Tages im Schatten dieses Baumes in einem Liegestuhl ruhte, beobachtete ich, wie unterhalb der Schirmkrone zwei Ringeltauben Reisig zusammentrugen. Da erhob ich mich, nahm ein Heft, schrieb auf den Umschlag »Die Ringeltaube« und begann — wie in meinen Jugendjahren — wieder alle Beobachtungen aufs sorgfältigste aufzuzeichnen.

Schon damals beschäftigte mich der Gedanke, aufgrund meiner Feststellungen ein Büchlein über die Ringeltaube herauszubringen; denn manches, was ich über diesen Vogel in der Schule gelernt oder in Büchern gelesen hatte, stimmte nicht mit meinen Beobachtungen überein. Aber wieder wollte das Schicksal es anders. Es

kam der Zweite Weltkrieg mit seinem Bombenterror, dem auch das Großeltern-
haus zum Opfer fiel. Mit ihm wurde auch mein Taubenheft ein Opfer der
Flammen.

Nach schweren Jahren erhielten die bundesdeutschen Jäger 1952 endlich die Jagd-
hoheit zurück. Manche Wildarten waren gebietsweise nahezu ausgerottet. Statt
zu jagen, hieß es hegen und pflegen. So vergingen noch einige Jahre, bis die Verluste der Nachkriegszeit ausgeglichen waren. Ganz anders jedoch sah es mit der
Ringeltaube aus. Ihr Vorkommen war nicht zurückgegangen, sondern hatte sich
sogar vermehrt. Ihr widmete ich mich nun ganz besonders, zumal die Ringeltaube
neben der Waldschnepfe stets zu meinem Lieblingswild zählte. Manche interessanten Probleme tauchten auf, zu denen ich in Jagdzeitschriften, Ornithologischen
Zeitschriften und Tageszeitungen berichtete oder Stellung nahm. In 20 Jahren belief sich die Zahl meiner Veröffentlichungen über die Ringeltaube auf 92 Berichte.
Aus diesen Unterlagen heraus entstand nun, ergänzt durch manche nicht veröffentlichen Beobachtungen, das schon so lange geplante Büchlein.

Neben der Ringeltaube sollen darin auch die drei weiteren bei uns vorkommenden
Wildtauben behandelt werden, nämlich die Hohltaube, die Turteltaube und die
Türkentaube. Besonders die letztere gehört wegen ihrer stürmischen Ausbreitung
während der beiden letzten Jahrzehnte, von Kleinasien und dem Balkan über ganz
Mitteleuropa, zu den interessantesten Vögeln.

Herrn Prof. Dr. D. Müller-Using meinen Dank für die sorgfältige Überprüfung
des Manuskriptes.

Rheydt, im Sommer 1973   Helmut Bettmann

Die Ringeltaube *(Columba palumbus L.)*

Die Ringeltaube wird in Deutschland volkstümlich auch Blautaube, Blochtaube, Holztaube, Kohltaube, Schlagtaube, Waldtaube genannt. In England heißt sie Wood Pigeon oder Ring Dove, in Frankreich Pigeon ramier, in Holland Houtduif, in Schweden Ringduva.

Das Gefieder

Kopf, Nacken und Kehle sind dunkel mohnblau, Oberrücken und Oberflügel blau-grau (»taubenblau«), Unterrücken und Steiß lichtblau. Nacken und Hals glänzen purpurrot mit prächtigem metallischgrünem Schimmer. Zu beiden Seiten des Halses sitzt ein großer, silbrigweißer Fleck. Er ist von variierender Größe und Form, meist rund oder bohnenförmig. Diese weißen Flecken gaben dem Vogel den Namen Ringeltaube, obwohl sie gar keinen geschlossenen Ring bilden. Den Jungtauben fehlen diese weißen Flecken, wodurch sie leicht von den Altvögeln zu unterscheiden sind. Die Oberflügeldecken sind schwärzlich, die äußersten aber weiß. Dieses weiße Flügelfeld ist vor allem im Fluge gut sichtbar und geeignet, die Ringeltaube — auch die Jungvögel — leicht anzusprechen. Das Kropfgefieder ist weinrötlich. Diese Farbe geht auf der Brust allmählich in das Schmutzigweiß des Bauches über.

Die zehn Handschwingen sind bei der Alttaube dunkelschiefergrau mit weißen Außensäumen. Die vorderste ist merklich kürzer als die beiden folgenden. Die weiteren nehmen an Länge ab, an Breite zu. Die Außenfahnen sind dunkler als die Innenfahnen. Die Handschwingen zeigen an der Spitze einen deutlichen Schwung nach vorne, während die anschließenden Armschwingen eine Biegung nach hinten zeigen. Außerdem ist bei den Armschwingen die Außenfahne heller und die rückwärtige Innenfahne dunkler. Durch diese beiden Merkmale entsteht ein klarer Absatz zwischen Hand- und Armschwingen. Die Handschwingen-Deckfedern der Alttaube sind schiefergrau.

Die Stoßfedern zeigen auf schieferschwarzer Farbe eine auf der Oberseite verschwommene, auf der Unterseite abgesetzte lichte Querbinde. Die Unterseite des Stoßes ist bei der Beobachtung streichender Tauben in freier Wildbahn besonders geeignet, um die bei uns vorkommenden Wildtauben voneinander zu unterscheiden. Der Stoß der Ringeltaube besteht aus zwölf etwa 17 cm langen Federn und zeigt eine schwarze Endbinde. Dann setzt sich deutlich eine lichte, breite Querbinde ab. Der Rest des Stoßes zur Wurzel hin erscheint mittelgrau. Die Hohltaube zeigt ebenfalls deutlich eine schwärzliche Endbinde, doch kommt dann keine helle Querbinde, sondern bis zur Wurzel eine gleichmäßig mittelgraue Partie. Die Turteltaube hat eine weiße Endbinde, die jedoch an beiden Seiten des Stoßes schmaler werdend bis zur Wurzel verläuft. Nur das Mittelfeld ist schwärzlich. Die Türkentaube schließlich zeigt auf der Schwanzunterseite eine große weiße Endfläche, die fast die Hälfte des Stoßes einnimmt; zur Wurzel hin ist dann die Färbung schwarz.

Das Gefieder der Ringeltaube ist am prächtigsten zur Balzzeit im Frühjahr. Beim Tauber ist es etwas lebhafter als bei der Täubin, bei Altvögeln schöner als bei jüngeren Exemplaren. Durch Bleichen und Verschleißen läßt der Glanz zum Herbst hin nach. Aus all diesen Gründen ist es praktisch unmöglich, nur am Gefieder den Tauber von der Täubin zu unterscheiden.

Unter den rund 3 000 untersuchten Tauben befanden sich nur sechs Exemplare, bei denen *partieller Albinismus* erkennbar war. Bei einer im November 1969 in der Eifel erlegten Taube waren beidseitig die Handschwingen Nr. 7 weiß, nur stellenweise schwärzlich punktiert überhaucht. Bei anderen Exemplaren trat die hier geschilderte Färbung an Handschwingen-Deckfedern auf, stets gleich auf beiden Körperseiten und jeweils nur ein bis zwei Federn erfassend.

Der Schnabel der Taube ist blaßgelb, an der Wurzel rötlich. Zur Balzzeit ist der vordere Schnabelteil goldgelb, die Schnabelwurzel und die Nasenhaut dunkelrot. Ständer und Zehen sind bläulichrot.

Die Dunenjungen haben eine dunkle, schmutzigfleischfarben getönte Haut mit spärlichen rahmgelben, haarigen Dunen. Ihr unförmiger Schnabel ist schwarz mit gelber Spitze. Bei der 3 Wochen alten Taube erscheint der Schnabel immer noch klobig. Das weiße Flügelfeld ist bereits deutlich erkennbar. Die Jugendmauser richtet sich weitgehend nach dem Datum des Schlüpfens, die Jahresmauser (Vollmauser) der Altvögel erfolgt zwischen Ende März und Anfang Dezember. Werden im April Tauben angetroffen, die keine Hinweise auf das Alter zeigen als die Tatsache, daß Handschwinge Nr. 10 sich noch in der Mauser befindet, dann handelt es sich um Jungtauben vom Spätsommer des Vorjahres. Beim Wachsen der Nr. 10 sind die Handschwingendeckfedern manchmal schon gemausert und geben keinen Hinweis mehr auf die Jugend. Die Alttaube hat Nr. 10 aber schon rechtzeitig im Vorjahr gemausert.

Das Jugendgefieder unterscheidet sich in mehreren Punkten von dem Gefieder der Alttaube. Die Handschwingen sind nicht schiefergrau, sondern dunkelmausfarben (schwärzlichbraun), ebenso die Handschwingendeckfedern. Von besonderem Interesse für die Altersfeststellung ist, daß diese Deckfedern im Jugendkleid einen lichten, rostfarben getönten Saum aufweisen. (NIETHAMMER traf diese Feststellung erstmalig in der Deutschen Jägerzeitung Nr. 9/1969.) Anhand dieser Federsäume kann die Jungtaube länger erkannt werden als am Fehlen der Halsflecken.

Um diese Zusammenhänge und den Ablauf der Mauser besser auswerten zu können, baute ich mir ein Schema auf. Ich schuf dazu den Begriff »Mauserstufe« und setzte diesem Begriff jeweils die Nummer der Handschwinge hinzu, die sich gerade in der Mauser befindet bzw. diese abgeschlossen hat. Die Handschwingen werden in der Reihenfolge von innen nach außen gemausert, die vorderste also zuletzt. Die innere Handschwinge numeriere ich mit 1, die vorderste mit 10. In der gleichen Reihenfolge werden auch die Handschwingendeckfedern gemausert, doch braucht der Mauserungsstand der Handschwinge nicht immer mit dem der Deckfedern übereinzustimmen. Wenn die Jungtaube die zweite Handschwinge mausert (also Mauserstufe 2), dann können bereits die ersten Federn des weißen Halsfleckens durchbrechen. In Mauserstufe 5 sind die Halsflecken meist schon deutlich weiß, wenn auch kleiner und daher matter wirkend als bei den Alttauben.

Sechs bis acht Wochen nach dem Schlüpfen mausern die Jungtauben HS Nr. 1, aber nur die ganz früh, etwa Mai/Juni geschlüpften Jungtauben schaffen bis Dezember eine Mauserung aller zehn Handschwingen. Die später geschlüpften geraten in die winterliche Frostperiode. Die in Mauser befindliche Feder wächst noch bis zum Ende, aber weitere Federn werden höchstens in seltenen Ausnahmefällen gemausert. Erst nach Ende der Frostzeit setzt die Mauser wieder ein, manchmal in beschleunigtem Tempo, wobei die nächste Feder abgestoßen wird, ehe die vorhergehende ausgewachsen ist.

Für Jungtauben, welche noch gar keine Handschwinge gemausert haben, wählte ich die Bezeichnung »Mauserstufe 0«. Einzelne Exemplare der Mauserstufe 0 er-

Die Mauserstufen als Kennzeichen für das Alter der Ringeltauben

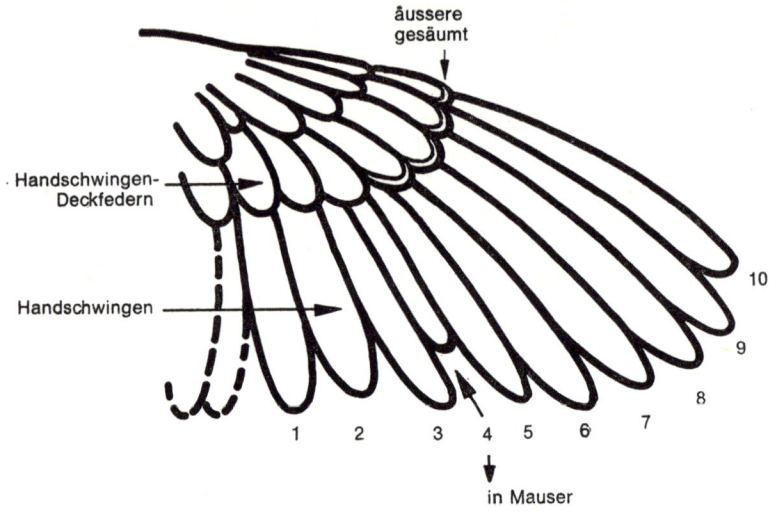

Phase	Alter	Handschwingen	Deckfedern	Halsfleck
0	ganz jung	keine in Mauser	alle gesäumt	ohne
1	jung	Nr. 1 in Mauser	alle gesäumt	ohne
2	jung	Nr. 2 in Mauser	alle gesäumt	ohne
3	jung	Nr. 3 in Mauser	6—7 gesäumt	ohne
4	jung	Nr. 4 in Mauser	5—6 gesäumt	ohne
5	jung	Nr. 5 in Mauser	4—6 gesäumt	ohne
6	jung	Nr. 6 in Mauser	4—5 gesäumt	entweder noch fehlend oder erstes Federchen aufbrechend
7	jung	Nr. 7 in Mauser	3—4 gesäumt	klein, matt
8	jung	Nr. 8 in Mauser	2—3 gesäumt	oder gelblich
9	jung	Nr. 9 in Mauser	2—3 gesäumt	etwas größer,
10	jung	Nr. 10 in Mauser	1—2 gesäumt	aber matt
	alt	alle gemausert	alle ungesäumt	groß, leuchtend

legte ich Mitte Februar und Mitte März. Es muß sich dabei um ungewöhnlich spät geschlüpfte Jungtauben gehandelt haben.

Interessant ist die sogenannte Staffelmauser. Dieser Vorgang ist darauf zurückzuführen, daß die spät geschlüpften Jungtauben nach Beendigung des winterbedingten Mauserstops im Frühjahr die Mauser dort fortsetzen, wo sie unterbrochen wurde, daß gleichzeitig aber die folgende Mauser an den Handschwingen 1 und 2 einsetzt. So sind dann mehrere Federgenerationen ineinander verschachtelt. Aus meinen Belegen will ich nur ein Beispiel herausgreifen: Handschwingen 9 und 10 gehören, wie die dunkelmausfarbene Tönung beweist, noch zur ersten Federgeneration. Handschwingen 3 bis 8 gehören, wie die schwärzliche Färbung zeigt, zur zweiten Federgeneration, wobei Nr. 8 erst zur Hälfte ausgewachsen ist. Handschwingen 1 und 2 aber stellen die dritte Federgeneration dar, wobei Nr. 1 erst zur Hälfte ausgewachsen ist, während Nr. 2 gerade aus dem Kiel bricht. Den bisher jüngsten Fall von Staffelmauser fand ich Ende April in Mauserstufe 5.

In einem zeitlichen Zusammenhang mit dem Mauserstand steht auch die Färbung der Iris. Bei ganz jungen Tauben ist diese schmutzigweiß. Etwa von Mauserstufe 3 ab zeigt das Weiß der Iris einen leichten Stich ins Gelbliche, der langsam zunimmt und von Mauserstufe 10 ab den endgültigen Gelbton annimmt.

Die Federn der Ringeltauben stecken ungewöhnlich locker in der Haut. Der getroffen durch die Äste herabstürzenden Taube folgt meistens eine Wolke von Federn. Mehrmals erlebte ich aber auch, daß eine beschossene Taube eine große, dichte Wolke von Federn verlor, jedoch wie gesund weiterstrich. Früher glaubte ich an eine größere Zahl die Taube nur streifender Schrotkörner. Nachdem E. KLINZ jedoch berichtet, daß die Ringeltaube in der Lage sei, sich durch eine »Schreckmauser« von einem Teil ihres Gefieders urplötzlich zu trennen, betrachte ich diese Vorfälle mit anderen Augen. Bis heute habe ich über 1000 Ringeltauben erlegt, das bedeutet, daß ich mehr als 1800 beschossen habe. Dabei erlebte ich ein halbes Dutzend Male, daß eine »entblätterte« Taube wie gesund weiterstrich. Auch von Jagdfreunden wurde mir dieser Vorgang einige Male geschildert. Ob sich die Schreckmauser auch in dieser Form äußern kann, müßte noch geprüft werden. Beim Ergreifen einer geflügelten Taube mit der Hand fiel mir etwas Ähnliches jedenfalls nicht auf, jedoch beim Apportieren durch meinen Kleinen Münsterländer. Eine verendete Taube brachte er, weich anpackend, mit Vergnügen. Es kam aber vor, daß beim Apportieren einer noch lebenden Taube ihm der Fang überquoll von vermutlich abgestoßenen Federn.

Regionale Farbabweichungen

In »Syllegomena Biologica«, dem Festbuch zu Ehren des großen deutschen Biologen Pastor OTTO KLEINSCHMIDT, beschreibt der Engländer PHILLIP A. CLANCEY eine neue Ringeltaubenrasse. Zur Feier des 80. Geburtstages des verdienten Systematikers (1950) gibt CLANCEY ihr den Namen »*Columba palumbus kleinschmidtii, subsp. nov*«.

Die »Kleinschmidtsche Ringeltaube« ist in beiden Geschlechtern dunkler gefärbt als die in Westdeutschland bodenständige, aber auch als viele der aus sonstigen Gegenden im Winter hier zuwandernden, oft sogar ungewöhnlich hellen Tauben. Auf der Oberseite fällt vor allem die erheblich dunklere Färbung der Schwingen und des Rückens auf, während die Bürzelgegend normal gefärbt ist. Auf der Unterseite ist in erster Linie die schwärzliche Färbung der Kehle (Kropf) auffällig, aber auch die ganze Brust ist dunkler, manchmal mit einem Stich ins Bordeauxrote. Auch der Bauch erscheint wie verschmutzt. Dagegen sind die weißen Flügelfelder sowie die beiden seitlichen Halsflecken auch bei der dunklen Form weiß. Andererseits kommt es auch bei der hellen Form vor, daß die Halsflecken rostgelb überhaucht erscheinen. An der Färbung des Stoßes konnten keine Unterschiede erkannt werden.

Das von CLANCEY geschilderte Brutgebiet umfaßt im wesentlichen Irland, Schottland sowie die Berggebiete von England und Wales. Bei schottischen Jägern heißt es, daß die im Winter zuziehenden Tauben an Wildpret stärker seien als die einheimischen dunkelfarbenen. Dies trifft nach den Untersuchungen von CLANCEY für England nicht zu. Vielleicht handelt es sich um die optische Täuschung des menschlichen Auges, nach der helle Gegenstände größer erscheinen als gleichgroße dunkle. Auch in Westdeutschland konnte ich keinen wesentlichen Gewichtsunterschied ermitteln. Es wogen gleichzeitig erlegte Tauben im Schnitt:

dunkle Tauben		helle Tauben	
Männchen	Weibchen	Männchen	Weibchen
540 g	522 g	534 g	525 g

In dem von CLANCEY bezeichneten Brutgebiet dunkler Tauben brüten in geringer Zahl auch helle Brutpaare, während andererseits in Holland zwischen vielen hellen auch einige dunkle brüten sollen.

Ganz neue Aspekte erhält die Frage durch die Veröffentlichung von SANDER SLUITNER (1969). Danach sind die dunklen Tauben in Ungarn schon seit den 1920er Jahren als Brutvögel bekannt. Sie sollen noch stärker sein als die hellen Tauben und sich von diesen getrennt halten. Zahlenmäßig seien sie den hellen unterlegen. In Westdeutschland konnten dunkle Tauben bisher nicht als Brutvögel festgestellt werden.

In der Zeitschrift für Jagdwissenschaft, Band 3, schreibt G. NIETHAMMER, daß ihm — gemeinsam mit Dr. PRZYGODDA, Leiter der Vogelschutzwarte Essen-Bredeney — schon im Winter 1952/53 die dunklen Tauben im Gebiet der Siegmündung bei Bonn aufgefallen seien. In meinem Jagdrevier im Raume Kaldenkirchen (holländisches Grenzgebiet) beobachtete ich die ersten dunklen Tauben im Dezember 1954 und konnte das erste Exemplar am 12. Januar 1955 erlegen. Innerhalb von 4 Wochen erhöhte sich die Strecke der »Schwarzen« auf 19 Stück. Eine Lösung der Frage ist nur möglich, wenn — vor allem im Ausland — in größtem Umfang Tauben beringt würden. Bis dahin können Einwendungen nur theoretisch widerlegt werden.

So schreibt NIETHAMMER, daß individuelle Farbvarianten bei der Ringeltaube beträchtlich seien — was ich selbst nur unterstreichen kann. Andererseits stehe ich auf dem Standpunkt, daß Einzeluntersuchungen und Vergleiche bei einer noch so großen Zahl von Tauben uns der Lösung der Frage nicht näherbringen. Entscheidend ist die Tatsache, daß *Schwärme* dunkler Tauben in der Zeit von Dezember bis März geschlossen auftreten, also bei gewissen individuellen Schwankungen doch *insgesamt* dunkel erscheinen, während von diesen getrennt ebenfalls große Schwärme deutlich als der hellen Form zugehörig erkannt werden.

Es wird erklärt: »Die Ringeltauben sind in England Standvögel. Es ist kein einziger Nachweis erbracht, daß britische Brutvögel jemals den Kanal überflogen haben.« — Tatsächlich aber haben englische Forscher (LACK, RIDGEPATH u. a.) seit 1952 Zugbewegungen in südlicher bis südöstlicher Richtung festgestellt. Diese erstrecken sich über die Küste auf See hinaus. Der englische Forscher LACK berichtet hierüber in »British Birds« im Juli 1955. Er stellt fest, daß nur ein Teil der auf See hinausziehenden Taubenmassen zur Insel zurückkehrt. Andererseits wird aus Emden das Eintreffen starker Taubenflüge von See her kommend beobachtet. Bisher sind nur vier Wiederfunde in England beringter Tauben auf dem Festland bekannt.

Weiter wird entgegengehalten: »Bei näherer Untersuchung zeigt sich, daß die dunkle Tönung durch Verschmutzung des Gefieders bewirkt war.« (Im gleichen Sinne schrieb mir ULRICH SCHERPING, die dunklen Tauben würden vermutlich aus dem »Kohlenpott« (Ruhrgebiet) stammen.) Es leuchtete mir nicht ein, daß große Teile des Gefieders sowohl auf der Ober- wie auf der Unterseite so stark verschmutzt sein sollten, während die weißen Schwingen- und Halsabzeichen sauber bleiben könnten. Ich sandte daher je ein halbes Dutzend frisch erlegter Vögel der hellen und der dunklen Form an das Landesmuseum in Münster, wo sich Dr. FRANZISKET für die Angelegenheit interessierte. Die Bälge wurden gründlich gereinigt. Aus beiden Formen konnten beträchtliche Schmutzmengen entfernt werden. Das Gefieder beider Formen wurde dadurch sauberer, aber — und das ist das Entscheidende — der Abstand der Farbtöne blieb bestehen.

Schließlich heißt es: »Die britische Population ist nicht von der kontinentalen unterschiedlich und insbesondere nicht dunkler.« — Das habe weder ich angenommen noch hat es CLANCEY behauptet. Letzterer schildert die dunkle Form nur als überwiegend in gewissen nördlichen Teilen von Großbritannien. Ich selber halte die »Schwarzen« für eine Form von Melanismus, die — wenn nicht aus England kommend — sich irgendwo in Europa gebildet und stark vermehrt hat. Es wäre eine dankbare Aufgabe für die Vogelberinger, diese Frage endgültig klären zu helfen.

Tiermediziner versuchen, die dunkle Färbung der Tauben mit Tbc-Erkrankung in Verbindung zu bringen. Es ist zweifellos möglich, daß eine dunkle Taube an Tbc erkrankt ist, aber wieso gleich in geschlossenen Massen? Das ist ja gerade das Charakteristische, daß die dunklen Tauben in geschlossenen Schwärmen schlagartig erscheinen, verbleiben und ebenso plötzlich wieder verschwinden. Da gleichzeitig geschlossene Schwärme heller Tauben anzutreffen sind, entfällt auch die Vermutung, das dunkle Gefieder sei das Winterkleid der Ringeltaube.

Die Vermutung, das dunkle Gefieder sei das Jugendkleid, trifft nicht zu. Ich habe bei Aufhebung der Schonzeiten wegen Wildschaden über 100 Tauben in meiner niederrheinischen Heimat erlegt und auf das gründlichste untersucht. Danach kann es keinem Zweifel unterliegen, daß diese Population zur hellen Form gehört. Reihenweise habe ich Alt- and Jungtauben nebeneinander gelegt. Gewiß gibt es individuelle Unterschiede, doch sind diese so gering, daß sie dem Beobachter nur erkenntlich sind, wenn er die Stücke nebeneinander sieht. Auf keinen Fall war ein Unterschied zwischen Alt- und Jungvögeln in der Helligkeit von Bauch über Brust zum Kropfgefieder zu erkennen. Nur die ganz jungen Exemplare im Gewicht von unter 400 g machten einen etwas dunkleren Eindruck, doch war das ganze Gefieder der Unterseite mehr »struppig und schmuddelig«.

Die unterschiedliche Färbung kann auch nicht mit einer Abweichung des Wintergefieders vom Sommergefieder erklärt werden. Zwar treten die dunklen Schwärme während knapp vier Wintermonaten auf, doch gibt es zur gleichen Zeit auch größere Mengen alter und junger, hellfiedriger Tauben. Andererseits gibt es bei der dunklen Form im Winter alte und noch ganz junge Exemplare.

Um die Art des Auftretens geschlossener Schwärme näher zu schildern, wiederhole ich einen im Juli 1955 in der »Deutschen Jägerzeitung« veröffentlichten Bericht: »Am Spätnachmittag des 16. 2. war ich mit dem Jungjäger CLAUS V. BORMANN ins Revier gefahren. In einem isolierten Feldhölzchen von knapp einem Hektar Größe nahm ich Aufstellung. Der Busch bestand aus hohen Eichen mit Unterholz und einem Dutzend eingesprengter Altkiefern. Mein Freund sollte versuchen, mir die in den Feldern sitzenden Tauben zuzudrücken. Das klappte auch leidlich. Drei Tauben, alle eindeutig von der hellen Form, brachte ich zur Strecke. Als es stark dämmerte, bot sich meinem einige hundert Meter entfernt stehenden Begleiter ein prächtiger Anblick: Von der Stadt Dülken her kommend zogen Hunderte von Ringeltauben westwärts. Obwohl in ›Pulks‹ unterteilt, bildeten sie doch einen langgestreckten, geschlossenen Verband. Weit vor dem Ziel, nämlich dem von mir im tarnenden Schneehemd besetzten Busch, setzte ein Taubenpulk nach dem anderen zum Gleitflug an, um im direkten Anflug, also ohne das sonst häufige, mehrfache Umkreisen des Zieles, einzufallen.

Sobald ein Schwarm eingefallen war, knallte es bei mir, und die sitzenden Tauben — jedesmal um eine vermindert — strichen nach Westen weiter, während vom Osten her schon wieder eine neue Formation einschwebte. Wegen Munitionsmangel mußte ich das Feuer vorzeitig einstellen. Neun weitere Tauben, diesmal ausschließlich von der dunklen Form, waren zur Strecke gekommen.«

Auf der gleichen Ebene liegt eine Beobachtung, welche meine Freunde und ich in den folgenden Jahren wiederholt machten: Zum Abendeinfall saßen wir an weit auseinander liegenden Schlafbäumen an. Der eine erlegte nur dunkle, der andere nur helle Tauben.

Natürlich kann es vorkommen, daß in ein und demselben Kohlfeld dunkle und helle Tauben durcheinander sitzen. Aufgeschreckt flattern sie gemeinsam auf, doch sehr bald trennen sie sich säuberlich in einen dunklen und einen hellen Flug.

Zum Abschluß dieses Kapitels sei noch zu einer letzten Mutmaßung über die Ursache der dunklen Färbung Stellung genommen. Ein Arzt schrieb mir, die dunkle Farbe, namentlich auf dem Kropf, könne durch anhaltend gleichartige Äsung, z. B. die Gerbsäure der Eicheln, entstehen. Dazu muß ich erwidern, daß in etwa 800 untersuchten Taubenkröpfen nur selten ausschließlich Eicheln vorgefunden wurden. Diese aber fanden sich sowohl bei hellen wie bei dunklen Exemplaren. Auch bei wochenlangem Äsen von überwiegend Getreidekörnern oder fast ausschließlich Rosenkohl blieben die äußeren Merkmale der Tauben unverändert. Auf meine wiederholten Aufrufe in der Jagdpresse erscheinen dort verschiedene Berichte über das Auftreten dunkler Schwärme. Wenn helle und dunkle Schwärme nicht weit auseinander auf einer freien Fläche sitzen, dann ist der Unterschied selbst für den Laien nicht zu verkennen. Ich erhielt Nachricht über einwandfrei dunkle Schwärme aus den Räumen von Bonn, Grevenbroich, Unna, Hannover (H. Ringleben), Oldenburg und Lüneburg (Oberforstmeister G. Tönnies). Es ist demnach naheliegend, daß die dunklen Ringeltauben zwar einer erblich melanistischen Form angehören, die aber nicht im nordwestdeutschen Beobachtungsgebiet beheimatet ist. Das Auftreten und die Ausbreitung des Melanismus ist nun in den letzten Jahrzehnten bei verschiedenen Tierarten festgestellt worden. Die daran gewonnenen Erkenntnisse waren für die Evolutionsforschung von grundsätzlicher Bedeutung. Daher sollte das Auftreten dunkler Ringeltauben auch für die Zukunft sorgfältig beobachtet werden.

G. H. Sachtleven schreibt mir zu diesem Thema aus seinem Revier bei Emmerich: »Ik bericht U dat ook in deze omtrek in Januari en Februari de donkere duiven in groote kluchten voorkomen. Volgens my zyn ze iets kleiner dan onze inheemische duif, de krop meestal gevuld met kleine blaadjes die ze in het weiland vinden. Maar het verschil met onze duif is dat ze gaan slapen in de kale eiken boschen. In tegenstelling met onze inheemische duif die gaat roesten in de warme boschen van grove en fyne dennen.«

Die gleiche Beobachtung konnte ich in meinem Revier bisher nicht machen. Zwar fiel es mir auf, daß bei gutem Wetter ein Teil der Taubenschwärme in kahlem Laubwald, andere Schwärme dagegen in Kiefernwaldungen übernachteten. Wenn jedoch stürmisches, kaltnasses Wetter herrschte, zogen alle Schwärme den Kiefernwald vor.

Maße und Gewichte, Geschlechterverhältnis

Die Ringeltaube ist deutlich größer als unsere übrigen Wildtauben und die meisten Haustaubenrassen. Die Durchschnittslänge des ausgewachsenen Vogels liegt bei 41 cm. Die Schwingenmaße bei westdeutschen Bruttauben variieren zwischen 245 und 252, die von Durchzüglern zwischen 254 und 261 mm. Bei englischen Bruttauben liegt die Schwingenlänge zwischen 235 und 255 mm. Bei 147 in der Zeit von 1960 bis 1962 erlegten Tauben stellte ich Untersuchungen an über Geschlecht und Gewicht. Die Zahlen sind in Tabelle 1 zusammengefaßt.

Tabelle 1: Geschlechterverhältnis und Gewichte bei Ringeltauben

Monat	Männchen			Weibchen		
	Zahl	Gewicht	Durch-schnitt	Zahl	Gewicht	Durch-schnitt
Januar	15	8,190 kg	546 g	12	6,615 kg	531 g
Februar	32	17,300 kg	540 g	28	15,000 kg	536 g
März	14	7,010 kg	501 g	15	7,720 kg	515 g
April	2	1,035 kg	518 g	6	2,960 kg	493 g
Mai	3	1,735 kg	578 g	4	2,360 kg	590 g
Juli	1	0,510 kg	510 g	0	—	—
August	1	0,605 kg	605 g	2	1,195 kg	598 g
Oktober	1	0,510 kg	510 g	0	—	—
November	2	1,070 kg	535 g	2	1,035 kg	518 g
Dezember	4	2,435 kg	609 g	3	1,680 kg	560 g
Summe	75	40,400 kg	539 g	72	38,565 kg	536 g

Aus Tabelle 1 ergibt sich, daß sowohl im Jahresdurchschnitt wie in den Wintermonaten das Geschlechterverhältnis einigermaßen konstant bleibt bei einem leichten Überwiegen des männlichen Anteils. Allerdings lassen die Untersuchungen von NIETHAMMER und PRZYGODDA vermuten, daß die Geschlechter im Winter nicht paarweise, sondern in getrennten Schwärmen zusammenhalten. Dieselbe Tabelle zeigt übrigens auch, daß zwischen Taubern und Täubinnen kein nennenswerter Unterschied im Gewicht und damit in der Größe besteht. In mehreren, sich meist über Jahre erstreckenden Perioden ergab sich, daß stets die Tauber etwas schwerer waren. Dieses Mehrgewicht schwankte zwischen 0,41 und 3,42 %. Andere Forscher (LJUNGGREN, HAGEN und MURTON) kommen ebenfalls zu einem Mehrgewicht der Tauber von durchschnittlich etwa 3 %. In der Brutzeit ist der Gewichtsunterschied am geringsten. In einer nur drei Jahre erfassenden Abrechnung kam ich einmal im Monat März sogar auf ein Mehrgewicht der Täubinnen von 2 %, doch war die Zahl der in diesem Zeitraum untersuchten Täubinnen zu gering, um beweiskräftig zu sein. Immerhin zeigt sie jedoch die abweichende Tendenz zur Brutzeit! — Die Feststellung des jeweiligen Geschlechts erfolgte ausnahmslos anhand sorgfältiger Sektion, denn zuverlässige äußere Unterscheidungsmerkmale am erlegten Vogel gibt es nicht.

Tabelle 1 zeigt schließlich ein Absinken der Durchschnittsgewichte von Dezember bis April und dann ein erneutes kräftiges Ansteigen. Diese Feststellung ist kein Beweis für die Wirkung von Hungerzeiten, sondern eine auch bei anderen Wild- und Haustieren bekannte, wohl auf innersekretorische Vorgänge zurückzuführende Erscheinung.

Tabelle 2: Durchschnittsgewichte von Ringeltauben

	Zahl	Gewicht
aus Tabelle 1, Männchen	75	40,400 kg
aus Tabelle 1, Weibchen	72	38,565 kg
Januar 1963	131	70,345 kg
Februar 1963	46	23,485 kg
März 1963	17	9,435 kg
	341 Stück	182,230 kg
		Durchschnitt: 534 g

Tabelle 2 erfaßt eine doppelt so große Zahl von Tauben wie Tab. 1, jedoch ohne Aufteilung in männliche und weibliche Exemplare. Das Durchschnittsgewicht gegenüber Tabelle 1 änderte sich nur unwesentlich.

Festgestellte Extremgewichte seien kurz erläutert. Tauben, die infolge von Krankheiten oder leichten Schußverletzungen kümmerten, wogen 255 bis 265 g. Die leichteste noch lebende, aber nicht mehr flugfähige kranke Taube wog 220 g. Eine besonders schwere Taube erlegte ich dagegen in der gebietsweise großen Notzeit Ende Februar 1963; sie wog 665 g bei einem Kropfinhalt von 105 g Rosenkohl. Den schwersten Kropfinhalt hatte ein am 29. 12. 1963 erlegter, 600 g

Tabelle 3

Monat	Jagd- tage	Anzahl der unters. Tauben	Körpergewicht in g mit Kropf/ohne Kropf Durchschnitt		Variation	Gewicht des Kropf- inhaltes in g Durchschnitt	Variation	Kropfinhalt in % des Körpergewichtes ohne Kropf
Januar	1	3	472,0	449,3	405—560	22,7	1—44	5,1
Februar	6	14	560,0	504,4	490—610	55,6	24—89	11,0
März	9	40	534,0	489,7	450—630	44,3	11—87	9,0
April	10	72	496,0	464,1	375—570	31,9	2—58	6,9
Mai	4	8	508,0	477,5	430—560	30,5	6—46	6,4
Juni	6	23	488,0	456,7	375—575	31,3	5—58	6,9
Juli	5	13	487,0	456,3	425—535	30,7	0—42,5	6,8
August	7	24	460,0	437,8	325—600	22,2	2—49	5,1
September	7	19	416,0	393,9	335—500	22,1	0,5—41	5,7
Oktober	10	31	474,0	453,7	350—530	20,3	2—41	4,5
November	3	4	515,0	473,7	480—580	41,3	0—67	8,7
Dezember	4	5	510,0	469,8	420—630	40,2	10,5—63,5	8,6
Januar	6	18	500,0	452,3	350—650	47,7	0—89,5	10,5
Februar	8	46	517,0	472,7	450—600	44,3	19—71	9,4
März	5	19	489,0	455,5	390—580	33,5	1—79	7,4
1. Aprildrittel	3	6	517,0	475,5	465—565	41,5	16—53	8,7
Summe bzw. Durchschnitt	94	345	496,7	462,0	325—650	34,7	0,0—89,5	7,5 %

Tabelle 4

Monat	Anzahl der erlegten Alt-tauben	Jung-tauben	Junge in % der Alten	Körpergewicht Durch-schnitt	Variation
Juni 64	22	1	5	495,5	430—575
Juli	13	0	0	487,0	425—535
August	19	5	25	489,3	405—600
September	6	13	217	476,0	420—505
Oktober	12	19	158	508,5	450—530
November	1	3	300	580,0	—
Dezember	3	2	67	560,0	460—630
Summe bzw. Durchschnitt	76	43	55 %	496,8	405—630

schwerer Tauber; er bestand aus 80 g Kapseln und Samen der Vogelmiere und 35 g Stoppelrübenblättern, Gesamtgewicht also 115 g. Das höchste Gewicht eines ausschließlich mit Getreidekörnern gefüllten Kropfes betrug 90 g. Über das höchste Nettogewicht eines Taubers berichten NIETHAMMER und PRZYGODDA: Bruttogewicht 625 g, Kropfinhalt nur 20 g Rosenkohlblätter, ergibt netto 605 g. In dem anschließenden Zeitraum verfeinerte ich die Untersuchungsmethode. Insbesondere wurden die Jungtauben gesondert erfaßt, da deren geringere Gewichte die Durchschnittswerte nicht unerheblich beeinflußten. Als Jungtauben wurden dabei nur diejenigen bezeichnet, denen an den Halsseiten die Silberflecken fehlten. Schon vor dem Erscheinen dieser Silberflecken bei der Mauser können die Jungtauben die Durchschnittsgewichte der Alttauben erreichen.

In Tabelle 3 werden Angaben über 345 untersuchte Tauben gebracht, um den Unterschied zu ermitteln, der dadurch entsteht, daß die erlegten Tauben zum Teil leere, zum Teil prall gefüllte Kröpfe haben. In Tabelle 4 dagegen werden nur diejenigen Monate berücksichtigt, in denen neben Alttauben auch Jungtauben festgestellt wurden.

Dadurch, daß in den Hauptschadensgebieten die Schonzeit für Ringeltauben aufgehoben wurde, konnten auch aus der Sommerzeit Unterlagen beigebracht werden.

Alttauben			Jungtauben				
Gew. d. Kropfinh. Durchschnitt	Variation	Kropfinh. in % des Körpergew. ohne Kropf	Körpergewicht Durchschnitt	Variation	Gew. d. Kropfinh. Durchschnitt	Variation	Kropfinh. in % des Körpergew. ohne Kropf
35,5	5 —58	7,7	375,0	—	11,0	—	3,0
30,7	0 —42,5	6,7	—	—	—	—	—
24,3	11 —49	5,2	380,0	325—420	18,3	2 —34	5,1
32,1	24 —41	7,2	388,1	335—470	19,4	0,5—36	5,3
20,2	4 —41	4,1	451,6	350—530	25,4	2 —36	6,0
43,0	—	8,0	493,3	480—500	61,0	55 —67	14,1
40,7	11 —63	7,8	435,0	420—450	45,0	35 —55	11,5
29,5	0,0—63,0	6,3 %	424,6	325—530	25,8	0,5—67,0	6,5

Im Zusammenhang mit den Fragen des Körperbaus wurde ich darauf aufmerksam gemacht, daß es bei zahmen Tauben ein sehr brauchbares Merkmal gäbe, um am lebenden Tier Männchen und Weibchen voneinander zu unterscheiden. Wenn man die beiden seitlichen Zehen gleichmäßig gegen die Mittelzehe drückt, dann wird man erkennen, daß manchmal die Außenzehen gleich lang sind, während sie in anderen Fällen deutlich in der Länge variieren. Bei gleichlangen Zehen würde es sich um einen Tauber, bei unterschiedlich langen um die Täubin handeln. Bei den von meinem Gewährsmann gezüchteten Taubenrassen sei das Kennzeichen zuverlässig gewesen. Ich beschloß, die in Zukunft von mir erlegten Tauben in dieser Hinsicht zu untersuchen. Dabei kam ich zu folgendem Resultat: In vielen Fällen ist es schwierig, sich zu entscheiden, ob man die beiden Außenzehen als gleichlang oder verschiedenlang bezeichnen soll. Eine leichte Änderung des seitlichen Drucks kann da schon Unterschiede ergeben. Eine Untersuchung der »fast gleichlangen« Zehenträger ergab 41 Männchen und 18 Weibchen. Die Fehlerquelle erscheint reichlich hoch. Trotzdem fand ich an diesem Merkmal etwas Brauchbares. Wenn die Außenzehe merklich, das heißt 1—2 mm länger ist als die innere Seitenzehe, dann handelt es sich um Weibchen.

Lebensweise und Verhalten

Beim Studium der Verhaltensweise der Ringeltaube steht der Rhythmus des Tages-
ablaufes an der Spitze vieler Untersuchungen. Die Bemühungen mancher Autoren,
hierfür feste Uhrzeiten anzugeben, scheitern an der Tatsache, daß je nach Jahreszeit erhebliche Unterschiede bestehen. So schwankt der Beginn des ersten Ruck-
sens am Morgen an der Rheinlinie zwischen 4 und $8^1/_4$ Uhr. Aus diesem Grunde
glaube ich, den Tagesrhythmus wie folgt schildern zu können:

a) Bei halber Morgendämmerung Erwachen und erstes, sich steigerndes Rucksen.

b) Abstreichen zur Tränke. Bisher las man nur »zur Äsung«. Nach meiner Beobachtung geht der erste Flug nach Sonnenaufgang jedoch — jedenfalls bei anhaltend heißer Witterung — zur Tränke. Diese Beobachtung machte ich an
   manchen Tagen und jedesmal bei einer größeren Anzahl von Tauben. Als
   Tränke benutzten sie im Feld mit Regenwasser gefüllte Karrenspuren. War
   eine solche Tränke durch ein Reh (einmal auch von einem Kiebitz) »besetzt«,
   dann schwenkten die anstreichenden Tauben entweder ab zur nächsten Pfütze,
   oder sie warteten geduldig in einem Abstand von wenigen Metern.

c) Weiterflug zur Äsungssuche.

d) Ab 10 Uhr etwa einstündiges Rucksen.

e) Erneuter Flug zur Tränke, diesmal wegen der allgemeinen Störung nicht mehr
   an offene Feldpfützen, sondern lieber an durch Sträucher oder Bäume geschützte Stellen.

f) Über Mittag eine mehrstündige Ruhepause, die bei klarem Wetter auch zum
   Sonnenbad benutzt wird. Die Tauben sitzen dann bevorzugt auf wenig be-
   laubten Überhältern, auf der Sonnenseite dicht belaubter Wälder oder von
   Einzelbäumen, im Winter auch auf glatten, völlig äsungslosen Schneeflächen.
   Die Kröpfe der um diese Zeit erlegten Tauben sind — ebenso wie die vom
   frühen Morgen — meist leer.

g) In den Nachmittagsstunden wird, wie die Kropfuntersuchungen von fast 1000
   erlegten Tauben bewiesen, offenbar die Hauptmahlzeit eingenommen.

h) Erneut längere Ruhe- und evtl. Sonnenpause, dazu starkes Rucksen (im Sommer ab 17 Uhr).

i) Flug zur Abendtränke.

k) Aufsuchen der Übernachtungsräume. Einfallen dort zunächst auf hohen Bäumen. Bei Dämmerungsbeginn noch einmal lebhaftes Rucksen, dann — je nach

Witterung — Aufsuchen der Schlafplätze, entweder in Stammnähe hoher Bäume, bei schlechtem Wetter im Gesträuch oder in geschützten Nadelhölzern.
l) Vor dem Einschlafen meist noch einmal kurze Zunahme des Ruckens. Selbst bei Nacht (selten!) ein- oder mehrmaliges Rucksen.

Die kleinste Zelle der Gemeinschaft bei der Ringeltaube ist das Paar. Einleitend möchte ich die verschiedenen von mir beobachteten Gemeinschaften der Ringeltaube schildern:

Paar (Geschlechtsgemeinschaft)   Altersgemeinschaft
Familiengemeinschaft (Paar mit Jungen)   Zuggemeinschaft
Futtergemeinschaft   Überwinterungsgemeinschaft

Das Paar: Die Paarung beginnt im Frühjahr und endet im Herbst. Die Ehe dauert also nur ca. ein halbes Jahr.

Die Familiengemeinschaft: Diese Gemeinschaft beginnt praktisch mit dem Schlüpfen der Jungtauben, umfaßt also 3 bis 4 Vögel. Wenn nach 35 Tagen die Jungvögel voll flügge sind, währt die Familiengemeinschaft nur noch wenige Tage. Dann löst sie sich auf, und die Altvögel schreiten zur nächsten Brut.

Die Futtergemeinschaft: Hierunter möchte ich die Gemeinschaft verstehen, zu der mehrere Familiengemeinschaften sich zur Äsungsaufnahme mehr oder weniger zufällig zusammenfinden, zum Beispiel auf einem frisch gesäten oder abgeernteten Feld. Bei diesem Zusammensein zeigen sich gewisse soziale Verhaltensweisen, welche zur Sicherheit dieser größeren Gemeinschaft dienen. Während sich die Mehrzahl des Trupps der Nahrungsaufnahme hingibt, sorgen ein oder mehrere Altvögel dafür, daß nahende Störungen rechtzeitig erkannt werden. Sie sitzen daher in der Nähe der Nahrungsuchenden auf einem Baum oder einer Elektroleitung und sichern. Da sie aber auch selber ihren Hunger stillen müssen, werden sie von den am Boden Sitzenden laufend abgelöst. Dabei ist die Zahl der Beobachter nicht immer gleich groß. Naht sich eine Störung, werden die Hälse der Vorposten immer länger, und dann streichen sie ab. Es konnte nicht festgestellt werden, in welcher Weise sie die übrigen warnen — jedenfalls aber streichen die am Boden Sitzenden ebenfalls sofort ab und lösen sich dabei wieder in Paare oder Familiengemeinschaften auf.

Die Altersgemeinschaft: Solche scheinen sich nicht in jedem Falle zu bilden, doch ist aus Schweden bekannt, daß Jungtauben sich zu größeren Jugendschwärmen zusammenschlagen und gemeinsam durch die weitere Umgebung zigeunern. Solche Jugendgemeinschaften habe ich in Stärken von 20 bis 50 Stück (kenntlich an den fehlenden Halsflecken) vereinzelt auch am Niederrhein angetroffen, und zwar Ende September / Anfang Oktober. Einer dieser Schwärme verhielt sich ungewöhnlich vertraut. Aber auch im April — bis in den Mai hinein — können Altersgemeinschaften festgestellt werden. Die vermutlich noch nicht geschlechtsreifen Jungtauben halten in größeren Flügen zusammen und lösen sich nur langsam zu einzelnen Paaren auf, während die Alttauben bereits verpaart sind. In der Zeit von Anfang April bis Mitte Mai 1970 erlegte ich 37 Ringeltauben, wobei ich häufig allein oder paarweise sitzende Tauben ausließ, um mich an einen größeren Flug heranzupirschen. Jede erlegte Taube untersuchte ich sofort auf das Alter anhand von Mauserstufe und rostfarbenen Säumen der Handschwingendeckfedern. Daraus ergab sich eindeutig, daß die aus größeren Gemeinschaften erlegten 18 Tauben ausnahmslos jung, die einzeln erlegten 19 Tauben ausnahmslos alt waren.

Die Zuggemeinschaft führt zu den größten Zusammenschlüssen bei den Ringeltauben. Neben kleineren Zugtrupps von 20 bis 50 Tauben bilden sich auch Schwärme von Hunderten von Tauben. Selbst geschlossene Flüge von über eintausend Ringeltauben habe ich mehrfach gezählt. Es kann angenommen werden, daß sich diese Zuggemeinschaften auf regionaler Basis bilden. Ein bestimmtes soziologisches Verhalten während des Zuges konnte ich nicht feststellen.

Bei den *Überwinterungsgemeinschaften*, die seit gut zwei Jahrzehnten in schnell wachsender Zahl am Niederrhein und immer weiter werdenden Räumen verweilen, ist dagegen wieder ein Gemeinschaftsverhalten erkennbar. Die vermutlich auf regionaler Basis entstandenen Schwärme halten geschlossen zusammen. Es ist durchaus möglich, daß beispielsweise ein größerer und ein kleinerer Schwarm gemeinsam in ein Rosenkohlfeld zur Äsung einfallen. Bei einer Störung streichen alle gemeinsam ab, teilen sich aber gleich in die zusammengehörenden Gruppen, die dann in verschiedenen Richtungen davonziehen. Besonders gut läßt sich dies beobachten, wenn in den vier Wintermonaten am Niederrhein die geschlossenen Schwärme derjenigen Tauben eintreffen, die in ihrer Färbung im Durchschnitt merklich dunkler sind als die einheimische Population.

Bei den Überwinterungsgemeinschaften verläuft der »Sicherungsdienst« ähnlich, wie es bei den Futtergemeinschaften geschildert wurde. Allerdings erfolgt der Wechsel der Wachtposten nicht in so schneller Reihenfolge.

Besonders interessant ist das Verhalten der »aufklärenden Vorhuten«. Wenn ein Schwarm im Feld zur Äsung eingefallen ist, dann lösen sich ohne erkennbaren Grund ein oder auch einige Exemplare aus der Masse und streichen in eine bestimmte Richtung davon. Dies tritt vor allem mittags vor der Sonnenruhe und abends vor dem Schlafengehen ein. Die Vorboten steuern einen hohen Baum oder auch einen Wald an, kreisen in großer Höhe darüber in Bogen oder Achterschleifen, verlieren immer mehr an Höhe und werfen sich schließlich im Steilflug in einen bestimmten Baum. Dort verharren sie in von weither erkennbarer Lage. Es sind nicht immer dieselben Bäume, die angeflogen werden, doch kann ein aufmerksamer Beobachter bald die Bäume herausfinden, die bevorzugt werden. Dies hängt nicht nur von der Windrichtung, sondern auch vom Zweck des Einfallens ab. Für die Mittagspause werden meist andere Bäume gewählt als für die Übernachtung. Eine Viertel-, eine halbe Stunde und auch noch länger dauert es, bis sich der große Schwarm von seinem Futterplatz erhebt und in die Richtung der Vorposten abstreicht. In den kahlen Wipfeln erkennt er die Vorposten, verzichtet in den meisten Fällen auf eigenes Sicherungskreisen und fällt im direkten Anflug in die Bäume um die Vorposten herum ein.

Die Überwinterungsgemeinschaften — bei uns zahlenmäßig meist zwischen 40 und 200 liegend — ziehen Ende Februar / Anfang März ab. Von den verbleibenden sondern sich im März die ersten Alttauben zur Paarbildung ab. Spätestens im Mai haben sich die letzten Jungtauben zur Paarbildung gefunden und der Schwarm ist aufgelöst. Während der ganzen Winterzeit ist innerhalb der Schwärme von Paarbildung nichts zu erkennen, während z. B. in einem größeren Dohlenschwarm die Paare deutlich erkennbar zusammensitzen und u. U. auch paarweise in verschiedener Richtung zur Nahrungssuche abstreichen.

Um zu prüfen, wie sich die verschiedenen Jagdarten auf die Geschlechter der Tauben auswirken, untersuchte ich bis zur Niederschrift dieses Kapitels 77 Tauben. 68 beim Rucksen erlegte Tauben waren sämtlich männlichen Geschlechts. Neun beim Balzflug erlegte Tauben waren ebenfalls ausschließlich männlich. Von beim Anpirschen erlegten *stummen* Tauben waren mehr als die Hälfte weiblich, was jedoch nichts mit dem Geschlechterverhältnis zu tun hat, sondern sich aus dem hohen Anteil der rucksend erlegten Männchen erklärt.

Von den Tauben, die auf mein anhaltendes Locken bei mir einfielen, waren 8 männlich und 6 weiblich. Daraus kann nicht gefolgert werden, daß beide Geschlechter auf das Rucksen zustehen. Kein Beobachter wird — von Ausnahmefällen abgesehen — entscheiden können, ob die zustehende Taube *wegen* oder *trotz* seines Lockens kam. Im übrigen bin ich der Überzeugung, daß in meiner Jugendzeit, also vor etwa 50 Jahren, die Tauber erheblich schneller und sicherer zustanden

als heute. Damals konnte ich auf der hohlen Doppelfaust fast jeden Tauber heran-
zaubern. Heute kommt nur selten einer. Das liegt jedoch nicht daran, daß sich
mein Locken verschlechtert hätte — im Gegenteil! Heute ist dort, wo ich auf
Tauben zu jagen Gelegenheit habe, der Besatz so dicht geworden, daß das Rucksen
kaum noch zur Abgrenzung des Territoriums eines Taubers dienen kann.
Der Gang der Taube auf dem Boden hat etwas Watschelndes an sich. Der Körper
wird dabei waagerecht oder vorne erhoben getragen. Der flügellahme Vogel vermag recht schnell größere Entfernungen zurückzulegen. Bei Schneelage wird das
Geläuf (Trittspuren) der Taube durch das Gefieder verwischt, da der Vogel nur
relativ kurze Ständer (Beine) besitzt.
Der Flug der Ringeltaube ist sehr gewandt und schnell. Es konnten Fluggeschwin-
digkeiten von 70—80 km/h ermittelt werden. Der Schwingenschlag erzeugt bei hohem Tempo ein pfeifendes Geräusch, doch vermag die Taube auch geräuschlos zu
fliegen. Nach längerer Übung kann der gute Beobachter durchaus die streichende
Ringeltaube von anderen Tauben unterscheiden, wenn er auf Stellung und Schlag-
folge der Schwingen achtet. Das sicherste Merkmal bleibt allerdings das weiße
Schwingenband. Über die Form des Abstreichens aus Bäumen scheinen sich die
Gelehrten nicht ganz einig. Der eine spricht von klatschenden, der andere von
pfeifenden Geräuschen, während ein dritter von lautlosem Abstreichen spricht.
Alle drei haben recht, denn alle drei Formen des Abstreichens kommen vor. Sie
dürften im wesentlichen von den Ursachen und den äußeren Möglichkeiten des
Abstreichens abhängen. Häufig kann der Beobachter vernehmen, wie die Schwingen beim Abfliegen Zweige oder Blätter berühren. Das Schwingenklatschen beim
Abflug galt früher allgemein als Warnungssignal. Heute wird dies nicht mehr
erwähnt, doch kann immer wieder beobachtet werden, daß auf das Abklatschen
einer Taube hin weitere, in der Nachbarschaft sitzende, stumm abstreichen. Auch
sonstiges Wild reagiert auf das Schwingenklatschen durch Aufwerfen oder Fort-
ziehen, wie ich es wiederholt bei Rehen, Wildkaninchen und Fasanen beobachten
konnte.
Wenig bekannt ist das Verhalten der Ringeltaube am Wasser. Sie sucht die Tränke
regelmäßig auf und trinkt nicht schöpfend, sondern saugend, wie alle Tauben.
Sehr überrascht war ich jedoch, als ich zum ersten Male eine auf einem Wald-
weiher mit angelegten Schwingen schwimmende, bei meinem Anblick wasser-
sprühend und klatschend abstreichende Ringeltaube erblickte. Bald darauf sah ich
an einem heißen Sommerabend auf dem Schloßweiher meiner Vaterstadt, wie sich

eine Taube mit ausgebreiteten Schwingen auf der Oberfläche treiben ließ. Allerdings handelte es sich hierbei um eine Haustaube. Angler an diesem Ort erklärten mir, daß sie solchen Anblick schon einige Male gehabt hätten. Ob die Tauben dabei tranken, konnte nicht festgestellt werden.

Über das Wassern von Ringeltauben berichtet »British Birds« bereits 1908, BREHM 1911, mehrmals auch »Ornithologische Monatsberichte« und »Ornithologische Mitteilungen«.

Häufiger als das Wassern ist das Flugbaden, das ich wiederholt beobachten konnte. Offenbar handelt es sich dabei um ein gewisses Spezialistentum einzelner Tauben. Meine Beobachtungen machte ich an dem bereits erwähnten Waldteich. Vor Sonnenuntergang ging eine Ringeltaube im abgebremsten Steilflug nieder. Mit hochgerecktem Hals und Stoß (letzterer gefächert) tauchte sie etwa zur Hälfte ins Wasser ein, peitschte mit schnellen Schwingenschlägen einen Tropfenregen hoch und erhob sich nach etwa einer Sekunde steil in die Luft. Nach einem Kreisflug an den Uferbäumen entlang zeigte derselbe Vogel das Flugbaden noch ein zweites und drittes Mal. Ob es sich an späteren Abenden um denselben flugbadenden Vogel handelte, konnte nicht geklärt werden. Ein Trinken war wegen des hochgereckten Halses bei dieser Gelegenheit nicht möglich. An der Vogeltränke in meinem Privatgarten konnten sowohl trinkende wie badende Tauben wiederholt beobachtet werden.

Wie der Tauber ruft

Es ist überraschend, wie oft auch heute noch — nicht nur in jagdlichen Erzählungen, sondern selbst in der Fachliteratur — das Lied des Ringeltaubers unrichtig wiedergegeben wird. Gewiß gibt es eine Anzahl individueller Abweichungen, wohl auch regionale Dialekte. Im großen betrachtet besteht das Tauberlied jedoch aus
einer viersilbigen Einleitung,
einer fünfsilbigen Zeile, welche 1 bis 5 (max. 13) mal wiederholt wird,
einem einsilbigen Schluß.
Über die phonetische Wiedergabe sind die Beobachter — wohl aufgrund ihres eigenen, individuellen Gehörs — unterschiedlicher Meinung. Der eine spricht vom gurrenden Tauber und schreibt »gu guh — gugu«. Ein anderer meint, den Taubersang als Rucksen bezeichnen zu müssen und schreibt »ruckuh — kuku«. Der dritte schließlich läßt den Tauber heulen und schreibt »huhuh — huhu«. Ich werde es

hier mit dem *gurrenden* Tauber halten. Die Betonung einer Silbe bringe ich durch ein angehängtes h zum Ausdruck, während ein uu ein Abschwellen eines längeren Tones darstellt.

Das »Normallied« des Ringeltaubers sieht demnach folgendermaßen aus:

guguh gugu —

guguh — gu gugu — (mehrmals wiederholt)

gu.

In Noten ergibt sich dieses Bild:

gu   guh   gu   gu   gu   guh   gu   gu   gu   gu

Nicht immer wird bei der Einleitung die zweite Silbe betont — manchmal, wenn auch seltener, die erste Silbe. In Buchstaben: »guuhgu gugu«. Bei Abertausenden von verhörten Tauben erlebte ich es nur einmal im Harz, daß ein bestimmter Tauber jedesmal die viersilbige Einleitung fortließ und nur die fünfsilbige Zeile mehrmals wiederholte. Ebenso einmalig war es, daß ein Tauber als Einleitung sechs Töne ohne festen Rhythmus gurrte, dann aber normal fortfuhr.

Daß es auch regionale Rufdialekte gibt, das konnte ich im April 1945 im Erzgebirge feststellen. Bis dahin hatte ich das Normallied gehört in den oberbayerischen Alpen, im Schwarzwald, in den Mittelgebirgen zu beiden Seiten des Rheins, in der Niederrheinischen Tiefebene, im Solling und auch im Harz. Im Erzgebirge dagegen vernahm ich gelegentlich eines Tagesaufenthaltes, daß *alle* verhörten Tauben — es mögen 15 bis 20 gewesen sein — die einleitende Zeile nicht mit vier, sondern nur mit drei Silben sangen. Geschrieben sah diese Zeile also so aus: »guh gugu«. Mehrere Tauben hatte ich in nächster Nähe und konnte feststellen, daß es sich tatsächlich um eine dreisilbige Zeile handelte, daß also nicht der erste Ton gleichsam »verschluckt« vorgetragen wurde.

Ebenso wie die Silben der Einleitung individuell unterschiedlich betont werden, kommt dies auch bei der Hauptzeile vor. Hier wird am häufigsten die zweite, manchmal die dritte, selten die erste Silbe stark betont. Ich konnte beobachten, daß Tauber, die einmal von dem Normalfall abwichen, dies auch bei allen weiteren Strophen beibehielten, so daß man hier wohl von individueller Besonderheit sprechen darf.

Schließlich gibt es auch Tauber, die häufig oder ständig die Schlußsilbe »gu« fortlassen. Es ist also nicht richtig, wenn behauptet wird, das Fortlassen der Schlußsilbe sei stets ein Zeichen dafür, daß der Tauber eine Gefahr erkannt habe.

Obwohl der Taubergesang sehr klaren rhythmischen Gesetzen unterliegt, ist es erstaunlich, daß die Tauber zur Balzzeit dem lockenden Jäger auch dann zustehen (oder doch antworten), wenn dieser vom genauen Rhythmus keine Ahnung hat und nur eine wirre Reihe von gurrenden Tönen in richtiger Tonlage hervorbringt. Dem interessierten Beobachter fällt es auf, daß die Tauber in sehr unterschiedlichen Tonlagen gurren. Zum Teil dürfte es sich hier um individuelle Unterschiede handeln, zum Teil aber auch durch den Grad der Erregung bedingt sein. So konnte ich häufig beobachten, daß Tauber, die ganz in der Nähe der Täubin gurrten, dies mit besonders tiefer Baßstimme taten. Aber auch die alte Jägerweisheit, daß junge Tauber eine deutlich höhere Stimme haben als Altvögel, scheint in gewissem Umfange zuzutreffen. Besonders deutlich wurde mir dies an einem Mitte April 1968 erlegten Tauber. Im Schutze einer Fichtendickung hatte ich mich unter eine noch fast kahle Eiche gepirscht, in welcher vier Ringeltauben saßen. Zwei von ihnen wirken besonders kräftig, die beiden anderen schlank und unausgewachsen. Um die Tauben zum Gurren zu animieren, lockte ich eifrig auf der hohlen Doppelfaust. Drei der Tauben blieben völlig uninteressiert, während eine der kleinen lebhaft wurde, sich aufreckte, den Kopf nach allen Seiten wendete und dabei auch einige Male steil nach unten zu mir herabäugte. Wie ich anhand meiner Taschenuhr feststellte, dauerte es eine halbe Stunde, bis eine der Tauben über mir zu rucksen begann. Mit dem Fernglas konnte ich einwandfrei feststellen, daß es die lebhafte Taube war, welche mir mit ganz hohen und leisen Tönen antwortete. Die erlegte Taube wog knapp 400 g, die weißen Halsflecken waren noch wenig ausgebildet, das Gefieder insgesamt matt. Die Sektion ergab, daß es sich um einen Tauber handelte, der aber noch nicht geschlechtsreif war.

Etwa zwei Wochen alte Jungtauben ließen, wenn ich sie aus dem Nest herausnehmen wollte, ein deutliches Fauchen hören. Im Alter von ungefähr drei Monaten lassen sie — nach HEINROTH — das erste, wenn auch zunächst noch unvollkommene Rucksen hören. Die Taubenstimmlaute sind angeboren, also nicht — wie bei manchen Singvögeln — erlernt und von außen her beeinflußbar.

Der in der Nähe seiner Täubin sitzende Tauber läßt ein dumpfmurrendes »hukhuh« ertönen. Die zweite, betonte Silbe ist nicht annähernd so weit vernehmbar wie das Balzlied. Das erste, fast verschluckte »hu« ist nur aus noch größerer

Nähe zu hören. Wiederholt erlebte ich, daß dieses Gurren sich in der Intensität und zu immer kürzeren Intervallen steigerte, um schließlich in dem lauten Balzruf wie befreit aufzujubeln. Dieser Ruf ist unter der Bezeichnung »Zum-Nest-Ruf« bekannt. Recht häufig habe ich diesen Ruf aus guter Nähe miterlebt. Stets saß der Tauber ganz in der Nähe der Täubin. Ein Taubennest war in keinem Fall in der Nähe auszumachen. Andere Autoren berichten, daß sie den Zum-Nest-Ruf in der Nähe eines Amselnestes, einer Baumhöhle oder auch nur einer flachen, zum Nestbau geeigneten Stelle beobachtet hätten.

Bei diesem Ruf hockt der Tauber ganz ruhig in der Nähe der Täubin, ohne diese zu bedrängen. Von einer »sexuellen Erregung« ist jedenfalls nichts zu erkennen. Eher scheint es sich um eine besondere Form des Paarungsrufes zu handeln, eine eindringliche Form der »Liebeserklärung«, welche der Tauber seiner ihm bereits angetrauten Partnerin darbringt.

Sonst sind von den Ringeltauben bei der Balz, bei der Jungenaufzucht usw. mehr oder weniger dumpfe, meist einsilbige Gurrlaute bekannt, über deren Bedeutung jedoch nichts Sicheres gesagt werden kann. Nach dem Tretakt ist manchmal ein schnarchendes »guh« vernehmbar, bei der Jungenfütterung ein an menschliches Stöhnen erinnernder Ton. Den Paarungslaut unmittelbar nach der Kopulation konnte ich mehrfach vernehmen. KLINZ (1956) beschreibt ihn als hohes »hyi — hüi«.

In der Literatur wird vereinzelt ein ganz kurzes »gu« als Schrecklaut angegeben. Trotz meiner Vorliebe für Ringeltaubenbeobachtungen und der großen Zahl von mir erlegter Ringeltauben habe ich diesen Schrecklaut nur einmal (1965) vernommen. Eine beschossene Taube kam, von nur einem Schrotkorn an der Schwinge verletzt, zu Boden und drückte sich unter Dürrgras. Als ich sie von oben über den Rücken packte, stieß sie den Schrecklaut aus, der aber gar nicht so sonderlich kurz war und den ich mit »guu« (abschwellend) wiedergeben möchte. Die Sektion ergab, daß es sich um einen Tauber handelte.

Nirgendwo finde ich in der Literatur etwas über einen Taubenstimmlaut, über den ich 1953 in der österreichischen Jagdzeitschrift »Der Anblick« berichtete. Ich beschoß in einer Buche, deren Blätter sich eben entfaltet hatten, eine Taube. Auf den Schuß kam eine abseits sitzende und von mir nicht bemerkte Taube mit heruntergestürzt. Als ich nach gut einer Minute die beschossene Taube, die in dichtes Brombeergerank gefallen war, aufheben wollte, hatte sich die zweite Taube unter den Ranken etwa 20 m weit entfernt. Beim Aufflattern durch die Ranken hindurch,

Ringeltaubenpaar
und sein Nachwuchs

Etwa drei Wochen
alte Ringeltaube

. . . sie wachsen heran

beim steilen Aufwärtsflug, aber auch noch beim Weiterstreichen ließ nun diese offenbar kranke Taube einen Laut vernehmen, den ich als »Klagelaut« bezeichnete. Dieser Ton glich im Rhythmus dem Gocken eines aufbaumenden Fasanenhahnes, jedoch wesentlich leiser, weicher, klagender. Vielleicht läßt er sich mit »gögögögö« wiedergeben, wobei jedoch der Vokal kaum zum Ausdruck kommt. Diese Tonfolge war anhaltend und wurde mehrmals wiederholt. Weder in der Literatur noch in dem großen Kreise meiner fachmännischen Bekannten und Freunde stieß ich auf eine ähnliche Beobachtung.

Außer dem bereits erwähnten fauchenden Drohlaut der Nestlinge lassen diese schon vom zweiten Lebenstage an Bettellaute und Stimmfühlungslaute erklingen, die AKKERMANN mit »füit«, »fiet« und »fi« wiedergibt.

Der bekannte »Taubergesang« hat, wie auch bei vielen Singvögeln, eine doppelte Bedeutung. Einmal soll er dem Weibchen imponieren, andererseits soll er aber auch Nebenbuhler abschrecken. In letzterem Sinne kann gesagt werden, daß er auch der Revierabgrenzung dient und daher als Revierruf bezeichnet werden könnte. Die Größe des von einem Tauber für sich beanspruchten Reviers (Territoriums) dürfte von der Populationsdichte abhängen. So ist es zu erklären, daß dem lockenden Jäger in dem einen Revier die Tauben schon aus großer Entfernung, in dem anderen nur aus der Nähe zustehen. Hierzu ein Erlebnis aus den ersten Maitagen 1969: In den noch fast kahlen Buchen im Nachbargarten meines inmitten der Stadt gelegenen Wohnhauses beobachtete ich mehrere Tauben, von denen eine mit schwacher Stimme zu gurren begann. Sofort strich eine andere Taube herzu. Um besser beobachten zu können, holte ich mein zehnfaches Fernglas. Aus dem Taubenverhalten schloß ich zunächst auf eine bevorstehende Kopulation. Ich mußte aber erkennen, daß eine stärkere Taube die schwächere nur anflog, worauf diese einige Meter weiter auf einen anderen Ast flatterte und dort gleich wieder vertrieben wurde. So ging es kreuz und quer, baumauf und baumab. Schließlich schwang sich eine Taube in die Luft, verfolgt von der zweiten. In Wellenlinien umkreisten sie einmal die Buchen und bogen dann über meinen Garten ab. Als ich hinauseilte, strich eine Taube in die Buchen zurück, während ich die zweite auf dem First meines Daches entdeckte. Wenige Minuten später begannen beide Tauben anhaltend zu rucksen — die in der Buche mit lauterer und tieferer Stimme, die vom Dach leiser und höher. Auf die Entfernung von jetzt ca. 70 m schien dies den Nebenbuhler nicht mehr zu stören.

Die Häufigkeit des Gurrens ist weitgehend wetterabhängig. Bei warmem Sonnenschein gurren überall und in schneller Folge zahlreiche Tauber — am folgenden Tage ist es bei kaltem Wind und Regen im gleichen Revier fast still. Auch von dem Grad der Erregung hängt die Intensität des Gurrens deutlich ab. In hoher Erregung werden nicht nur die Intervalle zwischen den Strophen kürzer, die Hauptzeile häufiger wiederholt, der Ruf lauter und aufgeregter, sondern es fließen manchmal zusätzliche, halb verschluckte »gu«-Töne ein. Trotzdem möchte ich nicht so weit gehen, von einem speziellen »Kampfruf« zu sprechen.

Es ist selbstverständlich, daß in Gegenden, in denen die Ringeltaube Zugvogel ist und in denen keine Überwinterung stattfindet, das erste Tauberlied im Jahre mit dem Eintreffen der rückkehrenden Tauben zusammenfallen muß. So notierte ich in höheren Lagen des Westerwaldes den ersten Balzgesang zwischen dem 15. und 20. März. Am Niederrhein liegt der Balzbeginn in den meisten Jahren zwischen dem 13. und 18. März, am 3. und 4. März (1x), am 27. Februar (2x), am 25. Februar (1x). Bei noch früheren Daten dürfte es sich nicht um heimkehrende, sondern um überwinternde Tauben handeln.

Die Mitte März langsam einsetzende Taubenbalz steigert sich von Woche zu Woche bis in den Mai hinein. Mit gewissen, nicht näher zu umreißenden Schwankungen dauert sie bis in den August und läßt dann merklich nach. Immerhin ist Tauberrucksen im Oktober noch nicht als selten zu bezeichnen. Aber auch im Winter rufen die Tauben vereinzelt bei sonnigem Wetter, u. a. auch bei einigen Graden Frost. An eigenen Beobachtungsdaten notierte ich je einmal den 22., 24., 25. und 26. Dezember, den 8., 9. und 19. Januar, den 5., 17. und 18. (2 x) Februar.

Als Uhrzeiten des ersten Balzgesanges, der natürlich von der Jahreszeit abhängig ist, notierte ich:

18. Februar	8.00	2. Juli	3.55
25. Februar	7.30	12. Juli	4.10
27. Mai	4.08	20. Juli	4.15
1. Juli	4.00	5. August	4.20

Nach einer »Funkstille« — je nach Jahreszeit um 7—9 Uhr beginnend — wird um 10 Uhr das Rucksen wieder stärker und hält bis 11 Uhr an. Nachmittags beginnt der Balzgesang erneut gegen 16 Uhr und dauert bis etwa eine Stunde vor Sonnenuntergang. Einzelne Strophen sind aber selbst noch bei starker Dämmerung zu vernehmen. Ganz außer der Reihe liegen zwei Beobachtungen: Eine im Mai bei Vollmondschein und dichtem Bodennebel bis in Kopfnähe. Da rief über mir um

23 Uhr in einem Feldbaum mehrmals ein Ringeltauber. Ein anderes Erlebnis hatte ich am 8. August. Nach einem schweren Gewitter rief ein Tauber, sich viermal wiederholend, nachts um 22.30 Uhr.

Abschließend wäre zu prüfen, wie weit die neuerlich immer wieder auftauchende Behauptung richtig ist, nach der nicht nur die männlichen, sondern auch die weiblichen Tauben rucksen. Gemeint ist in diesem Falle natürlich nur der Imponierruf, der Balzgesang. Daß die Täubin rucksende Stimmlaute hat, daß sie befähigt ist, die »Zum-Nest-Rufe« vorzutragen — das wird nicht bestritten. Wenn es aber heißt, daß Tauber und Täubin beide das Balzlied vortragen, letztere jedoch seltener und leiser, dann ist diese Behauptung genau so unsinnig, als wenn wir erklären würden »Hähne und Hühner krähen«. Abweichungen in der Verteilung geschlechtlicher Hormone kommen vor, aber sie berechtigen nicht, Lehrsätze aufzustellen, die dem normalen Verhalten widersprechen.

F. B. HOFSTETTER hat sich dieser Frage besonders intensiv angenommen und mir darüber ausführlich berichtet. Nach seiner Ansicht liegt der Anteil gelegentlich rucksender Täubinnen weit unter 1 %.

Zugverhalten

Das Wesen des Vogelzuges hat seit eh und je die Menschheit bewegt. Der Anlaß des Fortzuges im Herbst ist nicht so schwierig zu erfassen: kürzere Tage, weniger Nahrung und zunehmende Kälte. Diese Dinge können aber nicht als Auslöser für den Heimflug im Frühjahr gelten, denn die Vögel verlassen dann trotz warmer Witterung, zunehmender Tage und einem Überangebot an Nahrung ihr Winterquartier, um sich in das oft noch sehr rauhe Klima ihrer nördlichen Heimat zu begeben. Statt des Ernährungstriebes überwiegt jetzt der Vermehrungstrieb. Gesteuert wird der Zeitpunkt des Aufbruchs durch eine »innere Uhr«. Diese wird beeinflußt durch den Hormonhaushalt, der seinerseits vermutlich wieder geregelt wird durch bestimmte Einflüsse, beispielsweise die Dauer oder Intensität der Sonneneinstrahlung. Hormone lösen den Zugtrieb ins Brutgebiet aus.

Auch über die Durchführung des Zuges schien man sich im klaren zu sein. Die Vögel richten sich nach Merkmalen, die sie aus ihrer Flughöhe gut erkennen können. Tatsächlich gibt es einige Punkte, an welchen sich der Vogelzug massiert, wie auf Helgoland oder auf der Nehrung bei Rositten. Als weitere Leitlinien wurden die großen Ströme betrachtet, die Europa vom Süden nach Norden durchziehen. Das Tal des Rheins und anschließend das Rhônetal sind für den Vogelzug sicherlich als leuchtendes Band bei Sonnenschein und Mondlicht ein guter Wegweiser. Auffallende Vögel, wie die Kraniche, welche diese Zugstraße einhalten, waren leicht zu beobachten. Von diesen Kranichzügen glaubte man auf gleiches Verhalten anderer Zugvögel schließen zu können. Für den Schnepfenzug gab es beispielsweise um die Jahrhundertwende folgende Version: Die Waldschnepfen brechen truppweise von Afrika auf. Der erste Trupp zieht das Rheintal hoch, einige Tage später ein anderer Trupp das Elbetal, wieder einige Tage später der nächste Trupp durch das Odertal. Diese Zugfolge wurde damit begründet, daß die Witterung ja langsam von Westen nach Osten im Frühjahr wärmer würde.

Die von Professor THIENEMANN durchgeführte Vogelberingung ergab, daß manche der bisher angestellten Überlegungen nicht länger aufrecht erhalten bleiben konnten. Die Schnepfen beispielsweise ziehen nicht von Süden nach Norden, sondern von Westen nach Osten (WSW – ONO). In Norddeutschland brütende Brachvögel ziehen zunächst nach Norden, treffen sich dort mit den aus Skandinavien südwärts ziehenden Brachvögeln und wandern dann gemeinsam an der Meeresküste entlang an Spanien vorbei bis Afrika. Während dieser Wanderung verweilen sie zu Abertausenden auf den Inseln der niederländischen Küste. Für diese Wanderungen ist also das Küstengebiet ein unfehlbarer Leitfaden. – Westdeutsche Störche ziehen im Herbst über Frankreich, Spanien und die Meerenge von Gibraltar nach Ostafrika. Ostdeutsche Störche dagegen wählen den Weg über den Balkan, Griechenland, Kleinasien zum Niltal, wo sie ihre westlichen Artgenossen treffen. Die Grenze zwischen diesen beiden Zugströmungen liegt etwa im Elbetal.

Ganz ähnlich wie der Schnepfenzug, verläuft auch der Ringeltaubenzug im Herbst von ONO nach WSW. Im Kreise Erkelenz am Niederrhein wurden jung beringte Exemplare aus Holland, Belgien und mehrfach aus Südfrankreich zurückgemeldet. Zum Teil endete der Zug erst in Spanien und Portugal. Die Flughöhe der ziehenden Taubenschwärme liegt im allgemeinen bei 200 m, doch wurden auch schon Höhe von 1000 bis 3500 m festgestellt. Die Fluggeschwindigkeit liegt über 70 km/h. Die Ringeltaube ist ein ausgesprochener Tagzieher. Den eindrucksvollsten Taubenzug beobachtete ich Ende Oktober 1967 in meinem Jagdrevier Amern am Niederrhein. Eine Woche lang zogen Zehntausende von Tauben in westlicher Richtung über dieses Gebiet hinweg. In den Morgenstunden des 28. Oktober zählte ich über 2000, in den Abendstunden des 29. Oktober über 3000 durchziehende Tauben. Diese Zahlen sind keine annähernden Schätzungen, sondern ich zählte nach dem Blockverfahren, wie ich es im Rahmen der Internationalen Entenzählung erlernt hatte. Zur Nachtzeit rasten die Tauben an geeigneten Orten. So traf ich am 18. November bei Vollmond und Frost in einem Eichenhochwald etwa 1000 Ringeltauben an. Am nächsten Tage waren sie weitergezogen. Im Dezember beginnt dann der Massenzuzug der Überwinterer. Die bei uns durchziehenden Tauben stammen nicht nur aus Mittel- und Ostdeutschland bis zu den baltischen Ländern, sondern auch aus Skandinavien, wie eine im Rheinland erlegte, in Schweden beringte Ringeltaube bewies. Die weiteste, bisher durch Beringung festgestellte Zugstrecke verläuft von Ostpreußen nach Portugal, das sind in Luftlinie ca. 2800 km.

Da die Ringeltauben quer durch Europa ziehen, fehlt es ihnen an Wegmarkierungen, nach denen sie sich richten könnten. Es wurde vom sogenannten »Richtungssinn« gesprochen.

Mit dem Richtungssinn allein, dem »inneren Kompaß«, ist allerdings auch nicht zu erklären, wie die richtige Richtung auf einigen tausend Kilometer beibehalten werden kann. Ein gutes Beispiel hierfür sind Versuche von W. RÜPPELL, der in Rossitten ungefähr 1000 Nebelkrähen einfing, die dort in nordöstlicher Richtung im Frühjahr durchzogen. Alle Vögel wurden beringt. Dann wurde die Hälfte an Ort und Stelle wieder fliegen gelassen. Die Rückmeldungen kamen aus den bekannten Standorten Baltikum, Rußland, Finnland. Die zweite Hälfte der beringten Nebelkrähen verfrachtete RÜPPELL nach Flensburg, ca. 750 km westlich von Rossitten. Diese Krähen behielten genau die nordöstliche Flugrichtung bei, die sie in Rossitten innehatten. Dadurch kamen sie nicht in ihren angestammten Brutgebieten an, sondern im nordöstlichen Dänemark und in Schweden.

Bei geschlossener Wolkendecke werden durch Flugzeugbeobachtungen häufig Zugvögel, über den Wolken im hellen Himmel ziehend, angetroffen, so Wildgänse in beinahe 3000 m Höhe, Ringeltauben auch noch über 3000 m hoch. Es ist bekannt und auch von mir mehrmals beobachtet worden, daß Wildgänse und Kraniche in pechschwarzen Nächten entweder etwas unter der Wolkendecke oder gar innerhalb derselben ziehen. Da diese beiden Vogelarten wohl zu denjenigen gehören, deren Orientierungsvermögen sich nach optischen Geländemerkmalen richtet, drängt sich unwillkürlich die Frage auf, ob diese Vögel vielleicht infrarot sehen können. Es ist bekannt, daß die Infrarotphotographie durch Wolkendecken nicht beeinflußt wird. Bei der Wildgans glauben Wissenschaftler, im Auge Vorrichtungen erkannt zu haben, die evtl. das Infrarotsehen bewerkstelligen könnten.

Um zu prüfen, ob der Orientierungssinn der Tauben durch Magnetfelder auf dem Erdball beeinflußt werden könnte, hat man Hunderte von Brieftauben unter den Schwingen mit so starken Magneten ausgerüstet, daß dadurch die Wirkung der irdischen Magnetfelder ausgeschaltet war. Trotzdem fanden diese Tauben unbeirrt den Weg zum heimatlichen Schlag.

Um die Wanderwege der verschiedenen Tierarten besser studieren zu können, hat man solche neuerdings mit winzigen Sendern ausgestattet, um daraus Schlüsse ziehen zu können. Eine weitere Zugorientierungsart möchte ich hier jedoch kurz einflechten. Die Grasmücke zählt zu den Nachtziehern. Es wurden nun Grasmücken in verdeckten Käfigen so aufgezogen, daß sie niemals im Leben den Sternenhimmel zu sehen bekamen. Zu Beginn der herbstlichen Zugzeit wurden diese Käfige dann in das Hamburger Planetarium verbracht, an dessen gewaltiger Kuppel als Leuchtpunkte die wichtigsten Sternbilder der betreffenden Jahreszeit zu sehen sind. Die Anordnung war jedoch so, daß sie von der naturgegebenen Nord-Süd-Richtung um 90 Grad abwich. Jetzt wurden die Käfigdecken entfernt, und die Grasmücken drängten in die nach den falschen Sternen konstruierte Südrichtung, die aber in Wirklichkeit einer Westrichtung entsprach. Nun wurde die Kuppel erneut um 90 Grad gewendet und die Käfige abermals freigemacht. Wieder drängten die Grasmücken in die vermeintliche Südrichtung, welche aber in Wirklichkeit nach Norden wies.

Aus dem bisher Gesagten ergibt sich, daß es grundfalsch wäre, eine bei einer Vogelart gut erkannte Orientierungsgabe ohne weiteres auf eine andere übertragen zu wollen. Nach den neuesten Überlegungen wird angenommen, daß Brieftauben (vielleicht auch andere Vögel) mindestens zwei zusätzliche Sinne haben. Der eine bezieht sich auf die Uhrzeit des Heimatortes, der andere auf den jeweiligen Sonnenstand, der im Laufe von Tages- und Jahreszeit ständig wechselt, um hieraus »errechnen« zu können, in welcher Richtung der heimatliche Schlag liegt, von dem sie Hunderte Kilometer in den verschiedensten Himmelsrichtungen entfernt aufgelassen wurden. — Sicherlich werden wir auf diesem Gebiet noch manche Überraschung erleben!

Nahrung und Nahrungsaufnahme

Bevor auf Einzelheiten eingegangen wird, erscheint es angebracht nachzuforschen, wie es in früheren Jahren um die Ringeltaube bestellt war. Da ist es interessant zu erfahren, daß die Ringeltaube in der ersten Auflage (1849) des Standardwerkes »Erfahrungen aus dem Gebiete der Niederjagd« von C. E. DIEZEL mit keinem Wort erwähnt wird. Erst in der 11., im Jahre 1915 von VON NORDENFLYCHT herausgegebenen Auflage des »Diezel« ist zu lesen:
»Ganz neu habe ich in die 11. Auflage ein Kapitel über die wilden Tauben aufgenommen. Ich hoffe, daß es manchem willkommen sein wird, denn die Jagd auf dieses scheue Wild gewährt zur Balz und auf dem Anstande echte Waidmannsfreuden.«
JOHANN ANDREAS NAUMANN berichtet in seiner erstmalig 1833 von seinem Sohn herausgegebenen »Naturgeschichte der Vögel Deutschlands« sehr eingehend über die Ringeltaube. In dem mit »Schaden« überschriebenen Absatz schreibt er, daß sie »in waldreichen Gegenden hin und wieder an Getraide bedeutenden Schaden anrichten« könne, ebenso »in Nadelhölzern durch Weglesen der ausgesäeten Saamen«.
Um beurteilen zu können, welches Nahrungsangebot den von mir untersuchten Ringeltauben zur Verfügung stand, dürfte eine kurze Beschreibung des Biotops angebracht sein.
Das Revier ist überwiegend Feldrevier mit Gemüse-, Hackfrüchte-, Getreide- und Futtermittelanbau. Nur ein Teil der Böden ist sandig, andere infolge Lößgehalt wenig wasserdurchlässig. Der Feldanteil insgesamt macht etwa 80 % der Revierfläche aus. Darin sind mehrere geschlossene Ortschaften und Einzelgehöfte nebst zugehörigen Obstgärten enthalten. Etwa 2 % entfallen auf Wiesen, die zum Teil im Wald eingesprengt liegen. An Wasser sind ca. 1,5 ha vorhanden, bestehend aus einem Baggerteich, einigen mitten im Wald liegenden Karpfenteichen und zwei Bächen. Der Waldanteil besteht zu je 9 % aus trockener Kiefernheide und einem sumpfigen Laubwaldgebiet, teils Hochwald, teils verwilderter Niederwald.

Kropfuntersuchungen 1953–1963

Das Ergebnis meiner Untersuchungen des Kropfinhaltes bei Ringeltauben zeigt in chronologischer Reihenfolge die Tabelle 5, während in Tabelle 6 die Ergebnisse der Jahre 1953 bis 1963 monatsweise zusammengezogen wurden. Im Jahre 1953 sind in Klammern 60 Ringeltauben mit aufgeführt, welche die Ornithologen NIET-HAMMER und PRZYGODDA im Raum Bonn/Siegburg erlegten und untersuchten. Das von ihnen veröffentlichte Ergebnis wurde mir zur Mitbenutzung zur Verfügung gestellt.

Besondere Zusammenhänge zwischen Wetter und Äsung konnte ich nicht erkennen, abgesehen von der verständlichen Tatsache, daß bei Harschschnee oder hoher Schneelage nur die den Tauben noch erreichbare Äsung aufgenommen wurde, bei sehr hohem Schnee nur noch Rosenkohl. Ich habe es daher für richtig gehalten, die den Zeitraum von 11 Jahren umfassenden Unterlagen der Tabelle 5 monatsweise zusammenzufassen, in Tabelle 6 niederzulegen und näher zu besprechen. Von 445 insgesamt untersuchten Kröpfen waren 27 = ca. 6 % leer. Diese stammen von Tauben, die frühmorgens oder in der Mittagspause erlegt wurden. Von den 445 untersuchten Kröpfen enthielten 208 = 46,8 % ausschließlich Rosenkohl, weitere 81 Stück = 17,3 % enthielten neben Rosenkohl weitere Äsungsbestandteile, teils Gemüse, teils Unkrautblätter, z. T. auch Getreide- und Unkrautsamen. Fast ²/₃ der Kröpfe enthielten also ganz oder teilweise Rosenkohl. Noch deutlicher wird die Beliebtheit des Rosenkohls, wenn man nur die Monate betrachtet, in denen diese Äsung angenommen wird. Dann macht der Rosenkohlanteil im Oktober 40 % aus, im November 19 %, im Dezember 50 %, im Januar und Februar sogar jeweils 90 % und auch im März noch knapp 20 %, obwohl in diesen Monaten meist schon andere Äsung in beliebiger Menge zur Verfügung stand.

Immer wieder wird in Kreisen von Jägern, aber auch Vogelfreunden, die Ansicht vertreten, dieser gewaltige Anteil von Rosenkohl sei ein Zeichen der Not. Dagegen haben meine Untersuchungen ergeben, daß Rosenkohl bei den Ringeltauben eine sehr beliebte Nahrung ist. Besonders eindringlich unterstrich dies eine der letzten Untersuchungen. Am 29. 12. 1963 wurden bei sonnigem Wetter in meinem Revier 12 Tauben erlegt. Schon am 25. 12. hatte warmer Regen den letzten Schnee fortgeschmolzen. Trotzdem enthielten 5 Kröpfe ausschließlich, 5 Kröpfe überwiegend Rosenkohl und nur 2 Kröpfe sonstige Äsung.

Nachdem feststeht, wie beliebt der Rosenkohl bei Ringeltauben ist, wäre zu prüfen, in welcher Art durch die oft hundertprozentige Vernichtung von Rosenkohlfeldern Schäden entstehen. Es wird wohl von interessierten Kreisen behauptet, die Tauben würden nur die großen Kohlblätter, vor allem die dichte Kopfscheibe,

Tabelle 5: Nahrungsbestandteile im Kropf von Ringeltauben
(Die eingeklammerten Zahlen entstammen der Arbeit von NIETHAMMER/PRZYGODDA)

Monat/Wetter	Zahl		Kropfinhalt
Januar 1953	29	(9)	nur Rosenkohl
Frost, kaum Schnee	1	(1)	Rosenkohl, Wirsing, Raps, Klee, Wicken
	1	(1)	Wirsing, Klee, Raps, Taubnesseln, Gras
	1	(1)	Klee, Taubnesseln
	1	(1)	Rübenblätter *(Brassica rapa)*
Februar 1953	34	(4)	nur Rosenkohl
Frost, wenig Schnee,	1		Rosenkohl, Grünkohl
ab Monatsmitte milder	1	(1)	Rosenkohl, Grünkohl, Klee
	2	(2)	Rosenkohl, Wirsing
	4	(4)	Rosenkohl, Klee
	1		Rosenkohl, Rotkohl
	2	(2)	Rosenkohl, Wirsing, Klee
	1		Rosenkohl, Kaffkörner
	2		Grünkohl
	1		$^1/_3$ Kohl, $^2/_3$ Getreideblätter
	8	(6)	nur Klee
	1	(1)	Klee, Weizenkörner
	2	(2)	Klee, Hahnenfuß
	1		leer
März 1953	9		nur Saaterbsen
wechselnd, meist mild	2		nur Weizenkörner
	2	(2)	Weizen, Hafer
	1		Weizen, Roggen, Klee
	1	(1)	Weizen, Klee
	1		nur Klee
	1		nur Gerste
	1		$^2/_3$ Gerste, $^1/_3$ Klee
	1	(1)	Brennesselblätter
	13	(12)	leer (morgens geschossen)
April 1953	1		nur Spinat
meist mild	1		Spinat, Gerste
	1		Spinat, gekeimte Haferkörner
	1		Klee, gekeimte Haferkörner
	1		Klee, Hafer, Gerste
	1		nur Klee
	1	(1)	Weizen, Hafer
	1		leer
	9		nur Buchenknospen

Monat/Wetter	Zahl	Kropfinhalt
Mai 1954 wechselnd	3	nur Buchenknospen
	2	Vogelmiereblätter, Knospen
	3	nur Maiskörner
Juli 1954 wechselnd	1	Kohl, Spinat, 7 Kirschen
	5	Buchenknospen und bis zu 15 g Stief-mütterchensamen aus Gärtnerei
August 1954 schön	3	nur Roggenkörner
Oktober 1954 wechselnd	1	Rosenkohl, 1 Eichel
November 1954 wechselnd	2	20 und 24 Eicheln (*Quercus robur*)
	1	11^1/$_2$ Eicheln, 60 Roggenkörner
	1	17 Eicheln, 14 Roggenkörner
	1	Rosenkohl, 11 Eicheln
	1	Rosenkohl, 1 Eichel
Januar 1955 teils Frost, teils tauend, wenige Tage bis 10 cm Schnee	3	nur Rosenkohl
Februar 1955 scharfer Frost, Schnee über 20 cm	12	nur Rosenkohl
	1	^{2}/$_3$ Rosen-, ^{1}/$_3$ Grünkohl
	1	^{1}/$_2$ Rosen-, ^{1}/$_2$ Grünkohl
	1	^{1}/$_3$ Rosen-, ^{2}/$_3$ Grünkohl
	1	leer
Oktober 1955 schön	2	nur Eicheln
November 1955 wechselnd, feucht	5	nur Eicheln
Dezember 1955 nur einzelne Frosttage	4	nur Eicheln
Januar 1956 wenig Schnee, Frost und Regen wechselnd	3	nur Eicheln
	8	Rosenkohl, 3—12 Eicheln
Februar 1956 anhaltend starker Frost, Schnee, 2. Monatshälfte über 25 cm	88	nur Rosenkohl
	3	Rosenkohl, einzelnen Grünkohl
	4	^{1}/$_2$ Rosen-, ^{1}/$_2$ Grünkohl
	11	leer

Monat/Wetter	Zahl	·	Kropfinhalt
Mai 1956 (sonnig)	1		Buchenknospen
September 1956 (feucht)	2		Gerstenkörner
Dezember 1956 erst ab Weihnacht etwas Frost	3		nur Bucheckern
Januar 1957 anfangs feucht, Monatsende Frost	2		Bucheckern, einzelne Eicheln
April 1957	3		Knospen, Saatgetreide
wechselnd	8		nur Buchenknospen
August 1957 (sonnig)	3		Gerstenkörner
Dezember 1962	6		nur Saatweizen
Anfang und Ende Frost,	4		Weizen, Eicheln
dazwischen regnerisch	1		38 Eicheln
	4		Rosenkohl (bis 101 g)
Januar 1963	2		Rosenkohl, Rotkohl
starker Frost, Harsch,	6		Rosenkohl, Mais
Schnee bis 20 cm	17		nur Rosenkohl
	1		80 % Rosen-, 20 % Grünkohl
Februar 1963	11		nur Rosenkohl (bis 105 g)
anhaltender Frost,	6		Rosenkohl mit Wirsing
weiterer Schnee	4		Rosenkohl mit Rotkohl
	7		nur Fütterungsweizen, einige Steinchen
	2		Weizen, Hafer, Steinchen, Erde
	2		Weizen, Hafer, Mais bis 90 g
	3		nur Fütterungsmais, Steine, Erde
März 1963	4		nur Rosenkohl
ab 4. 3. Wetterumbruch,	4		Rosenkohl, Fütterungsgetreide
regnerisch	5		Mais, Weizen, Getreideblätter
Oktober 1963	1		nur Saatgerste, 60 g
schön	1		47 g Saatweizen, 3 g Unkrautsamen
Dezember 1963	6		nur Rosenkohl
wechselnd,	1		Rosenkohl, Grünkohl
schwacher Frost	7		Rosenkohl, Vogelmiere
	1		Rosenkohl, Weizenkörner
	1		nur Weizen
	1		Rosenkohl, Weißkohl, Vogelmiere
	2		Stoppelrüben, Vogelmiere

Monat	Inhalt	Zahl	Monat	Inhalt	Zahl
Januar	nur Rosenkohl	49	Mai	nur Buchenknospen	4
	Rosenkohl			Knospen und Körner	5
	mit sonstigen Blättern	4		Knospen und div. Blätter	2
	Rosenkohl und Eicheln	8		nur Körner	3
	Rosenkohl und Körner	6			
	nur sonstige Blätter	3	Juli	Blätter und Kirschen	1
	nur Eicheln	3			
	Eicheln und Bucheckern	2	August	nur Körner	6
Februar	nur Rosenkohl	145	September	nur Körner	2
	Rosenkohl				
	und sonstige Blätter	32	Oktober	Rosenkohl und Eicheln	1
	Rosenkohl und Körner	14		nur Eicheln	2
	nur sonstige Blätter	13		nur Körner	2
	sonstige Blätter u. Körner	1			
	leer	13	November	Rosenkohl und Eicheln	2
März	nur Rosenkohl	4		Eicheln und Körner	2
	Rosenkohl und Körner	4		nur Eicheln	7
	nur Getreidekörner	5			
	Körner und div. Blätter	8	Dezember	nur Rosenkohl	10
	div. Blätter	2		Rosenkohl	
	nur Saaterbsen	9		und sonstige Blätter	2
	leer	13		Rosenkohl und Körner	8
April	nur Buchenknospen	17		sonstige Blätter u. Körner	2
	nur Saatgetreide	1		nur Eicheln	5
	Getreide und div. Blätter	7		Eicheln und Körner	4
	nur Blätter	2		nur Körner	7
	leer	1		nur Bucheckern	3

abäsen, nicht aber die in den Blattwinkeln stehenden, als menschliche Nahrung so beliebten und entsprechend hoch bezahlten Rosenköhlchen. Diese Behauptung ist unrichtig. Zwar sitzt immer ein Teil der Taubenschwärme oben auf den Köpfen des Rosenkohls, aber andere halten sich zwischen den Strünken auf und zerpicken eifrig die Rosenköhlchen. Nur ein Teil der Köhlchen ist schon vor dem

Eintreffen der überwinternden Taubenschwärme durch den Gemüsebauer abgeerntet, die letzten und gerade wertvollsten gehen durch die Tauben verloren oder
werden durch Kot unbrauchbar.

Über den Wert der Blattköpfe des Rosenkohls gehen die Meinungen auseinander.
Der reine Gemüsegärtner betrachtet sie nur als brauchbaren Dünger. Für den viel-
seitigen Landwirt dagegen sind die Blattköpfe ein besonders wertvolles Vieh-
futter.

Auch die an Zahl geringen Tauben des Sommers bedeuten für den Gemüsebauer
eine Quelle stetiger Sorgen. Wenn die zarten Blumenkohlpflänzchen ins Feld um-
gesetzt werden, genügt ein Flug von 30 Tauben, um Schaden von 1000—2000 Mark
anzurichten. Die Tauben rupfen die Außenblättchen des Kohls ganz oder teilweise ab. Zwar wachsen später neue Blätter, aber das Wachstum der Pflanze ist
so grundlegend gestört, daß sie keinen Blumenkohl mehr ausbildet. Ich habe
beobachtet, daß ein Gemüsebauer dreimal seine Felder mit Blumenkohl anpflanzte
und immer wieder neu bestellen mußte, da die Tauben auch die letzte Pflanze so
stark geschädigt hatten, daß keine Ernte zu erwarten war. Eine noch spätere Neup-
flanzung kam zwar hoch, war aber längst nicht mehr als Frühgemüse zu guten
Preisen abzusetzen.

Wenn auch Knospen und Blätter den weitaus größten Teil der Äsung bei den
von mir untersuchten Kröpfen ausmachen, so muß auch der Schaden, der durch die
Aufnahme von Körnern entsteht, beachtet werden. Bei 445 Kröpfen enthielten
74 ganz oder teilweise Getreidekörner, 9 Kröpfe ausschließlich Erbsen. Das sind
nur 18,6 % der Kröpfe. Der Schaden läßt sich jedoch richtig beurteilen, wenn
er in ein Verhältnis zu der Zahl der in dem betreffenden Monat erlegten Tauben
gesetzt wird. Dann ergibt sich:

Monat	Körner	Gemüse	Monat	Körner	Gemüse
Januar	8 %	90 %	August	100 %	0 %
Februar	7 %	93 %	September	100 %	0 %
März	40 %	18 %	Oktober	40 %	20 %
April	30 %	10 %	November	20 %	19 %
Mai	35 %	0 %	Dezember	50 %	54 %
Juli	0 %	100 %			

Ganz deutlich lassen sich in dieser Aufstellung Aussaat- und Erntezeiten erkennen. Der im Januar und Februar festgestellte Anteil an Getreidekörnern liegt allerdings außerhalb solcher Überlegungen. Hier handelt es sich bei Mais und Weizen um Getreide, das zur Fütterung von Fasanen und Rehen ausgestreut wurde. Es ist also in jedem Falle notwendig, die speziellen Zusammenhänge zu ermitteln. So ist z. B. im März die Erlegung von 9 Tauben zu erwähnen, deren Kröpfe, wie oben angegeben, prall ausschließlich mit Erbsen gefüllt waren. Schlagartig trat die Erscheinung auf, schlagartig verschwand sie wieder. Ein Landwirt hatte versuchsweise ein Feld mit Erbsen eingesät. Nach nur wenigen Tagen mußte er erkennen, daß die Tauben diese Parzelle so geschädigt hatten, daß der Besitzer sie kurz entschlossen wieder umpflügte und mit anderen Pflanzen bestellte.

Außer Getreidekörnern fanden sich in 16 Kröpfen, also knapp 4 %, auch Samenkörner anderer Pflanzen, vor allem der Vogelmiere (Stellaria media). In 17 Kröpfen (= 4 %) fanden sich nur Eicheln oder Bucheckern, aufgrund derer, ebenso wie bei den erwähnten Unkrautsamen, nicht eine Schädlichkeit der Tauben behauptet werden kann. Durch jahrzehntelange Beobachtungen von Ringeltauben auf dem Fabrikhof meiner Firma (jedoch nicht durch Kropfuntersuchungen) ist mir bekannt, daß die Ringeltauben sehr gerne die Früchte des Schwarzen Holunders (Sambucus nigra) verzehren. Zu deren Reifezeit flattern tagelang zahlreiche Tauben in diesen Sträuchern umher.

Jeder Naturfreund wird das Ergebnis der vorgelegten Untersuchungen bedauern müssen, weil 90 % der Nahrung Schadenswirkungen in der Landeskultur darstellen.

Kropfuntersuchungen 1964—1965

In der Zeit vom 6. Oktober 1963 bis zum 10. April 1965 wurden 360 Ringeltauben erlegt und ihr Kropfinhalt untersucht. Dadurch, daß für jede Taube

Datum und Tageszeit der Erlegung

das Wetter am Erlegungstage

das Körpergewicht einschließlich Kropfinhalt

das Gewicht des gesamten Kropfinhaltes

das Alter der Taube

genau notiert wurden, konnte versucht werden, den Einfluß dieser Faktoren auf Nahrungsauswahl und Nahrungsmenge festzustellen. Die genaue Analyse der Nahrungsbestandteile soll einen Einblick in die Nahrungsbiologie der Ringeltauben geben und schließlich auch dazu beitragen, Rückschlüsse über den Nutzen und Schaden der Ringeltauben in der Landwirtschaft zu ziehen.

Tageszeit und Witterung

Es konnte ermittelt werden, daß das Wetter einen äußerst geringen Einfluß auf den Kropfinhalt hatte. Gewiß war vom Boden aufgenommenes Getreide bei feuchtnassem Wetter oft mit mehr anhängender Erde behaftet als bei trockenem Wetter, doch hing dies offenbar zusätzlich von der Bodenbeschaffenheit ab. Manchmal war am gleichen Tage bei der einen Taube die Getreideäsung verschmiert, bei anderen sauber.

Auch auf das Gewicht des Kropfinhaltes war das Wetter ohne wesentlichen Einfluß. Manchmal war der Kropfinhalt bei trockenem Wetter klatschnaß, ein anderesmal das gleiche Material bei nassem Wetter fast trocken. Es ist anzunehmen, daß für diesen Zustand in erster Linie wichtig ist, ob die Taube an der Tränke viel Wasser aufgenommen hat oder nicht, vielleicht auch die Zeitdauer, wie lange sich die Äsung bereits im Kropf befand und damit der Verdauungsvorbereitung unterworfen war.

Nur in einem Punkte wirkt sich das Wetter eindeutig auf die Äsung aus. Wenn sich im Kropfinhalt Stücke von Regenwürmern vorfanden, dann hatte es frisch geregnet oder das Wetter war zumindest sehr feucht. Die Taube nimmt also wohl nur Regenwürmer auf, die sie frei auf der Bodenoberfläche antrifft, zieht sie aber nicht nach Amselart auch bei trockenem Wetter aus dem Boden heraus.

Die Zusammensetzung des Kropfinhaltes

Durch Bestimmen der einzelnen Nahrungsbestandteile sowie Wiegen und Auszählen derselben je Kropfinhalt wurde die Zusammensetzung der Nahrung im Jahresablauf und die Bevorzugung bestimmter Nahrung festgestellt.

Im Staatsinstitut für angewandte Botanik in Hamburg wurden alle Pflanzenteile mit nur ganz wenigen Ausnahmen, die aber auch mengenmäßig überhaupt nicht ins Gewicht fallen, bestimmt. Mein besonderer Dank gilt Herrn Dr. Fritz Deutschmann an diesem Institut, der nicht nur durch mikroskopische Untersuchungen der Blattfragmente, sondern auch anhand einer umfangreichen Samensammlung die vorhandenen Bestimmungslücken schließen konnte.

Weiter danke ich Herrn Professor Dr. Müller-Using, der die wenigen animalischen Funde am Zoologischen Institut der Universität Göttingen bestimmen ließ.

Die Kropfinhaltsuntersuchungen ergaben, daß die Mehrzahl der Ringeltauben vielseitige Nahrung auswählte. Von 360 Kropfinhalten bestanden 206 (= 57 %) aus Nahrungsbestandteilen von recht unterschiedlichen Pflanzenarten. Die Beimengung von Mineralien zu dem Kropfinhalt wurde stets besonders gewertet und nicht in Angaben über Vielseitigkeit bzw. Einseitigkeit der Nahrungsauswahl einbezogen *).

Die Bevorzugung verschiedenartiger Nahrung ist nicht gleichmäßig über das ganze Jahr verteilt. Sie tritt im Frühjahr gehäuft auf. Dagegen führen zwei Faktoren zur Aufnahme einseitiger Nahrung:

a) Notzeiten, in denen einseitig Rosenkohl aufgenommen wird, da den Tauben nichts anderes erreichbar ist.

b) Aussaat- oder Erntezeiten von Getreidearten, die bei den Tauben besonders beliebt sind.

Die verschiedenen Pflanzenarten als Nahrung der Ringeltaube

a) Wildkräuter

In der mir vorliegenden Literatur beschäftigen sich einige Bücher etwas ausführlicher mit Nahrung der Ringeltaube. Unter »Unkräutern« sind folgende Pflanzenarten verzeichnet:

---

*) Nach April 1965 wurden in der Zeit bis April 1973 noch einige hundert weitere Kröpfe untersucht. Wie zu erwarten, wurden weitere, bisher nicht als Taubennahrung bekannte pflanzliche Teile festgestellt. Überraschend war dabei die Tatsache, daß plötzlich Nahrungsbestandteile reichlich vorgefunden wurden, welche jahrelang nicht in den Kröpfen vorhanden waren, obwohl diese Pflanzen im Beobachtungsgebiet in erheblicher Menge vorkamen.
Erwähnt sei, daß z. B. ein einziger Kropf Birkenblüten enthielt, diese jedoch ausschließlich, und daß er prall damit gefüllt war. Im Frühjahr 1972 enthielten etwa 10 Kröpfe große Mengen von Blüten der Vogelkirsche, die in dem Beobachtungsgebiet auch in früheren Jahren reichlich blühte. Diese Blüten waren schon so weit geöffnet, daß sie mir beim Aufschärfen der Kröpfe locker entgegenquollen. Im Jahre 1973 wurden die Kirschblüten bereits in großer Menge geäst, als sie noch vollkommen geschlossen waren. In einem Kropf zählte ich 483 Stück.
Absolut neu war es dem Besitzer einer Obstplantage im Bergischen Land, daß die Ringeltauben 1972 in seine Apfelbäume einfielen, um die gerade angesetzten Früchte zu äsen.
Die verschiedenen Neubeobachtungen sind nachträglich in die Pflanzenzusammenstellungen der folgenden Seiten eingeflochten. Sie werden dadurch kenntlich gemacht, daß ihr Name mit einem nachgesetzten (n) gekennzeichnet ist.

50

Ackermohn, *Papaver*
Ackersenf *, *Sinapis arvensis*
Ampfer *, *Rumex spec.*
Brennessel *, *Urtica*
Ehrenpreis *, *Veronica spec.*
Fingerhut, *Digitalis*
Hahnenfuß *, *Ranunculus*
Hederich, *Raphanus raphanistrum*
Hirtentäschel *, *Capsella bursa pastoris*
Hornkraut, *Cerastium*
Klee, Sauer-, *Oxalis*
Klee *, Weiß-, *Trifolium repens*
Klee *, Wiesen-, *Trifolium pratense*
Knöterich *, *Polygonum spec.*
Korbblütler *, *Compositae*

Kornblume, *Centaurea cyanus*
Kornrade, *Agrostemma githago*
Kreuzblütler, *Cruciferae*
Labkraut, *Galium*
Leimkraut, *Silene*
Löwenzahn *, Frühlings-, *Taraxacum officinale*
Scharbockskraut-Wurzelknollen, *Ranunculus ficaria*
Stiefmütterchen *, *Viola tricolor*
Storchschnabel, *Geranium*
Taubnessel *, *Lamium*
Vogelmiere *, *Stellaria media*
Wickenarten *, *Viciae*
Wolfsmilch, *Euphorbia*
Zwiebelzahnwurz, *Dentaria bulbifera*

Die mit einem Sternchen versehenen Pflanzen wurden auch von mir bei meiner Untersuchungsreihe festgestellt. Neu, d. h. mir aus der Literatur bis dahin nicht bekannt, war das Vorkommen von Kamille (*Matricaria chamomilla*) und Weidenröschen (*Epilobium*) im Speisezettel der Ringeltaube.

Alle jetzt folgenden Schilderungen beziehen sich auf die Untersuchungen von 360 Taubenkröpfen.

Ackersenf: Ein einzigesmal fanden sich 2 g Blüten und Blattfragmente, zusammen mit 1,5 g Kieselsteinchen, im Kropf einer am 10. 10. 64 erlegten, noch jungen Ringeltaube.

Ampfer: Nicht näher bestimmbare Blattfragmente von Ampfer fanden sich in kleinsten Mengen am 18. 3. und am 25. 4. 64 in je einem Kropf. Am 11. 5. waren zwei Kröpfe ausschließlich mit Ampferblättern gefüllt. Der eine enthielt 32, der andere 47 g. Am 7. 6. enthielt ein Kropf nochmals ausschließlich 46 g Ampferblätter. Nur einmal war es möglich, die Ampferblätter genauer zu bestimmen. Am 8. 3. fanden sich in einem Kropf vereinzelte charakteristische Blätter des Kleinen Ampfer (*Rumex acetosella*).

Brennessel: Am 28. 5. enthielt ein Kropf ausschließlich 39 g Blattfragmente und Knospen.

Ehrenpreis: Vom Efeublättrigen Ehrenpreis (*Veronica hederaefolia*) enthielt am 7. 3. und am 18. 3. je ein Kropf einzelne Blättchen. Am 14. 3. 64 fanden sich in einem Kropf 3 g davon.

Hahnenfuß: Vom Kriechenden Hahnenfuß (*Ranunculus repens*) fanden sich einzelne Blättchen in je einem Kropf am 14. 4. und 18. 4. 64. Größere Mengen je Kropf fanden sich am 16. 2. 64 mit 7 g, am 14. 3. mit 18 g und 32 g, am 18. 3. mit 25 g und am 1. 4. 65 mit 28,5 g. Offensichtlich sind nur die ersten Frühjahrsblättchen dieses im Beobachtungsbereich recht häufigen Unkrautes bei einzelnen Tauben beliebt.

Hirtentäschel: Während in der Literatur nur die Früchte erwähnt werden, fand ich überwiegend Blätter. Am 7. 3., 8. 3. und 19. 4. 64 fanden sich in je einem Kropf, am 14. 3. 64 und 6. 2. 65 in je zwei Kröpfen einige Blättchen — in jedem Falle weniger als 0,5 g. Obwohl das Kraut im Beobachtungsgebiet häufig wächst, werden nur vereinzelt einige frische Blättchen aufgenommen. Nur am 7. 3. 64 fanden sich in einem Kropf 1 g Blättchen und Samenstände.

Klee (Weißklee): Weißklee kommt im Beobachtungsgebiet sowohl wild wie gemischt angebaut vor. Die geringen Fundmengen je Kropf dürften von wilden Pflanzen stammen und daher nicht als Taubenschaden betrachtet werden. Große Mengen je Kropf stammen dagegen wohl von Anbauflächen. So fanden sich am 6. 4. 1964 in zwei Kröpfen Mengen von 15 bzw. 17 g. Geringere Mengen von 0,5 bis 1,5 g fanden sich in 4 Kröpfen am 2. 10. und 11. 10. 1964 sowie 24. 1. und 6. 2. 1965. Vereinzelte Blättchen fanden sich am 7. 3. 1964 einmal, am 6. 4. zweimal, am 12. 4. dreimal, am 1. 8. und 5. 9. einmal, am 27. 9. zweimal, am 4. 10. und 29. 11. einmal, am 2. 1. 1965 einmal, am 17. 1. zweimal, am 24. 1. einmal, am 6. 2. dreimal und am 13. 2. und 27. 3. einmal. Zusammenfassend kann gesagt werden, daß Weißklee das ganze Jahr hindurch aufgenommen wird — ausgenommen im Sommer.

Klee (Wiesenklee, Rotklee): Als Wiesenklee kommt er wild, als Rotklee angebaut vor. Ähnlich wie beim Weißklee kann unterstellt werden, daß geringe Mengen von wilden, größere Mengen dagegen von angebauten Pflanzen stammen. Bei der Überlegung »nützlich — schädlich« wurden nur letztere als Taubenschaden betrachtet. Diese Wertung des Rotkleeschadens zeigt, wie wichtig es ist, die jeweiligen Funddaten sorgfältig zu notieren. Die Aufstellung beweist, wie die Tauben in größerer Anzahl sich spontan an einem Tage auf eine bestimmte Äsung stürzen können, um diese dann wochenlang zu vernachlässigen.

Geringe Mengen unter 0,5 g wurden gefunden in zwei Kröpfen am 25. 4., in je einem Kropf am 26. 4. und 7. 6. 1964 und zwei Kröpfen am 20. 3. 1965. An größeren Mengen je Kropf wurden gefunden am 25. 4. 1964 je ein Kropf mit 21, 16 und 2 g, am 7. 6. ein Kropf mit 40 g, am 26. 9. mit 1 g, am 2. 10. mit 1 g, am 10. 10. mit 5,5 g am 13. 12. mit 35 g, am 6. 2. 1965 je ein Kropf mit 1, 44, 62,5, 29 und 1,5 g, am 7. 2. 1965 je ein Kropf mit 11,5, 9,5 und 51 g, am 20. 2. 1965 je ein Kropf mit 11, 7, 48, 49, 11, 43, 35, 12 und 57 g.

Wiesen- bzw. Rotklee wird also das ganze Jahr hindurch, stoßweise aber an gewissen Tagen, aufgenommen, was vermutlich in einem bestimmten Wachstumszustand der Pflanze begründet ist.

Knöterich: Blattfragmente, die nicht näher bestimmt werden konnten, fanden sich im März 1963 in drei Kröpfen in Mengen von unter 1 g. Beliebter scheint Knöterich im April zu sein. 1964 fanden sich in vier Kröpfen Mengen bis zu 31 g (im Durchschnitt 9 g). Im April 1965 fanden sich in vier Kröpfen Mengen bis zu 23 g (im Durchschnitt 6,5 g).

Durch ihre dreikantige Form charakteristisch sind die Samen des Windenknöterichs. Im März 1963 fanden sich in zwei Kröpfen einmal 2 und einmal 7 Stück davon (*Polygonum convolvulus*).

Rundliche schwarze Körner, später mit einem Gewirr feiner Würzelchen umgeben, kennzeichnen den Samen des Ampferknöterichs (*Polygonum lapathifolium*). Etwa 30—40 solcher Samenkörner gehen auf ein Gramm. Gehäuftes Vorkommen im März/April. Im März 1964 fand ich in 8 Kröpfen 2—73 Samenkörner, im Durchschnitt 18,4 Stück. Im April 1964 fand ich in 9 Kröpfen 1—157 Körner, im Durchschnitt 39 Stück. Ansonsten fand ich in je einem Kropf im Februar 5, im August 3 und im Oktober 114 Stück.

Korbblütler: Durch mikroskopische Untersuchung der Oberfläche der Blattfragmente konnte die Zugehörigkeit zu den Kompositen, nicht aber die Art der Pflanze, bestimmt werden. Geringe Mengen bis zu 1 g wurden gefunden in 3 Kröpfen am 18. 3., 6. 4. und 11. 4. 1964, alle Funde also im Frühjahr.

Löwenzahn: An einem Tage gelang es, die Korbblütler genau zu bestimmen, da die Blattfragmente genügend groß waren. Am 11. 4. 1964 enthielten zwei Kröpfe 19 bzw. 25 g Blatteile des Frühlingslöwenzahns.

Kreuzblütler: Am 19. 4. 1964 fanden sich in einem Kropf einige nicht näher bestimmbare Blattfragmente eines Kreuzblütlers.

Stiefmütterchen: Am 7. 6. 1964 enthielt ein Kropf neben 3 reifen Herzkirschen

21 g Samenkapseln des Stiefmütterchens. Aus der Art des Fundes ist zu schließen, daß es sich wahrscheinlich um eine Gartenzüchtung gehandelt hat.

Taubnessel: Nur am 18. 4. 1964 fanden sich in einem Kropf einzelne Blattfragmente, die anhand von gewachsenem Vergleichsmaterial als zur Roten Taubnessel *(Lamium purpureum)* gehörig identifiziert werden konnten.

Vogelmiere: Von allen Wildkräutern ist die Vogelmiere bei den Ringeltauben des Beobachtungsgebietes weitaus die beliebteste Äsungspflanze. Je nach Jahreszeit werden geäst die Blätter, die Blütenstände und die Samenkapseln mit ihren zahllosen gelbbraunen Samenkörnern, welche aber sicherlich nicht einzeln aufgenommen werden, sondern — soweit im Kropf enthalten — den Kapseln entfielen.

Außer in den Monaten Januar 1964 und Januar 1965 wurde in allen Monaten Vogelmiere in den Kröpfen festgestellt. Im Juni/Juli und November/Dezember waren es ganz überwiegend Kapseln, in den übrigen Monten Blätter mit Blüten oder Kapseln gemischt. In der nachfolgenden Tabelle sind unter Kleinstmengen solche unter 0,5 g je Kropf zu verstehen.

Monat	Kleinst-mengen	Kröpfe	gewogen	
			Variation	∅-Gewicht
Dezember 63	—	4	2 —78 g	33,8 g
Februar 64	1mal	7	1 —18 g	6,3 g
März 64	7mal	16	0,5—23 g	3,7 g
April 64	9mal	5	0,5—33 g	11,6 g
Mai 64	—	2	21 —30 g	25,5 g
Juni 64	—	12	2 —51 g	25,8 g
Juli 64	3mal	2	1 —17 g	9,0 g
August 64	2mal	—	—	—
September 64	3mal	—	—	—
Oktober 64	1mal	3	2 — 3 g	2,7 g
November 64	—	3	31 —54 g	39,0 g
Februar 65	3mal	11	1 —45 g	10,0 g
März 65	2mal	5	0,5— 8 g	3,3 g
April 65	2mal	1	2	2,0 g
Summe:	33mal	71	0,5—78 g	13,1 g

Wicken: Nur einmal, und zwar am 22. 2. 1964, konnten in einem Kropf 3 g Blätter der Vogelwicke *(Vicia cracca)* festgestellt werden.

Bei den übrigen Wickenbeobachtungen handelt es sich um Samenfunde. Von einer nicht näher bestimmten Wickenart fanden sich in der Zeit vom 27. 3.–5. 4. 1964 in vier Kröpfen je 1, 1, 2 und 5 Samenkörner.

Etwas häufiger sind Funde von Samenkörnern der Rauhhaarigen Wicke *(Vicia hirsuta)*. Ich zählte im März 1964 in 7 Kröpfen 1, 2, 3, 9, 10, 14 und 17 Samen. Im April 1964 zählte ich in 6 Kröpfen 1, 1, 2, 2, 6 und 7 Samen. Im August zählte ich in 1 Kropf 5, im September in 1 Kropf 54 und im Oktober in 1 Kropf 38 Samen.

Kamille: Nachdem die Echte Kamille *(Matricaria chamomilla)* bisher als Taubenäsung nicht bekannt war, überrascht ihr relativ häufiges Erscheinen. Entweder haben die Tauben ihren Geschmack geändert, oder die Kamille ist wesentlich häufiger geworden. Zu letzterer Überlegung gab mir ein Landwirt folgende Deutung: Früher wurden alle Unkräuter gleichmäßig durch Ausjäten bekämpft. Die Unkrautbekämpfungsmittel brachten dem Landwirt zwar eine erhebliche Erleichterung, doch wurde die Kamille durch die ersten Mittel nicht angegriffen. Da sie auch nicht mehr gejätet wurde, konnte sie sich stark vermehren. Erst später kamen Bekämpfungsmittel auf den Markt, welche speziell auch die Kamille vernichten. Die Auswertung der Untersuchungsreihe zeigt, daß Kamille nur in den ersten Monaten des Jahres aufgenommen wird.

Monat		untersuchte Kropf-inhalte	mit Kamille	%	Variation	⌀-Gewicht
März	64	40	12	30	0,5—11,0 g	2,5 g
April	64	72	5	7	0,5—35,0 g	16,4 g
Januar	65	18	2	11	0,5— 1,0 g	0,7 g
Februar	65	46	4	9	0,5— 1,5 g	1,1 g
März	65	19	2	10	0,5 g	0,5 g
halber April	65	15	1	7	1,0 g	1,0 g
Summe:		210	26	12,4 %		

Demnach hat es den Anschein, als ob die Kamillenäsung im Jahre 1965 schon erheblich an Beliebtheit eingebüßt hätte.

Spitzwegerich: Nur am 10. 4. 1965 enthielt ein Kropf einige Blattspitzen von *Plantago lanceolata* — bisher als Taubenäsung nicht benannt.

Weidenröschen: Nur am 8. 3. 1964 fanden sich in einem Kropf einige Blatteile (unter 0,5 g), welche der Oberflächenuntersuchung nach wahrscheinlich von Weidenröschen *(Epilobium spec.)* stammen.

Zum Abschluß des Kapitels über die Wildkräuter noch eine kurze Tabelle, in wieviel Kröpfen diese Kräuter vorkamen und in welchem Verhältnis diese Zahl zur Gesamtzahl der 360 untersuchten Taubenkröpfe steht.

	gefunden	in % der 360 unters. Kröpfe		gefunden	in % der 360 unters. Kröpfe
Vogelmiere	104×	29,0	Ehrenpreis	3×	0,8
Klee insgesamt	60×	16,7	Korbblütler	3×	0,8
Rotklee	33×	9,2	Löwenzahn	2×	0,5
Knöterich	33×	9,2	Ackersenf	1×	0,3
Weißklee	27×	7,5	Brennessel	1×	0,3
Kamille	26×	7,2	Kreuzblütler	1×	0,3
Wicken	21×	5,8	Spitzwegerich	1×	0,3
Hahnenfuß	9×	5,0	Stiefmütterchen	1×	0,3
Hirtentäschel	8×	4,3	Taubnessel	1×	0,3
Ampfer	6×	1,7	Weidenröschen	1×	0,3

b) Beeren

Lang ist die Reihe der Beerenfrüchte, die bisher als Taubennahrung bekannt sind. GASOW zählt auf: Bergholunder, Eberesche, Efeu, Faulbaum, Heidelbeere, Himbeere, Johannisbeere, Liguster, Mistel, Preißelbeere, Sanddorn, Schwarzholunder, Schlehe, Spargel, Stachelbeere, Stechpalme, Walderdbeere, Weinrebe, Wilder Wein, Weißdorn.

Obwohl eine Anzahl dieser Beeren im Beobachtungsgebiet vorkommen, scheinen sie sich keiner großen Beliebtheit zu erfreuen. Ein einzigesmal — im Juli — wurde in einem Kropf etwa ein Dutzend schwärzlicher Beeren gefunden, welche jedoch nicht genau bestimmt werden konnten. Anhand des damaligen Nahrungsangebotes im Revier ist anzunehmen, daß es sich um Beeren des Faulbaumes gehandelt hat. Daß Ringeltauben die Beeren des Schwarzen Holunders massenhaft aufnehmen, habe ich anderenorts mehrfach beobachten können.

c) Früchte und Blätter von Bäumen und Sträuchern

Zur Nahrung der Ringeltaube gehören nach Gasow (z. T. unter Bezug auf Turcek, 1961) folgende Bäume und Sträucher: Hainbuche, Rotbuche *, Stieleiche *, Traubeneiche, Sumpfeiche, Roteiche, Platane, Zerreiche, Ulme, Maulbeer, Zürgelbaum, Ahorn, Esche, Sauerdorn, Wildkirsche, Robinie, Eibe, Fichte, Kiefer *, Hasel, Spitzahorn, Felsenbirne, Schneeball, Kornelkirsche, Kirsche *, Pflaume. Nur die vier mit einem Sternchen versehenen Bäume wurden in der vorliegenden Untersuchungsreihe angetroffen, obwohl manche der sonst erwähnten Bäume im Gebiet vorhanden waren und bei früheren Untersuchungen bestätigt werden konnten.

Rotbuche (Fagus silvatica): Bei zwei am 25. April 1964 erlegten Tauben enthielten die Kröpfe u. a. männliche Buchenblüten, der eine 0,5, der andere 5,5 g. Ein am 29. 9. untersuchter Kropf enthielt u. a. 11 Bucheckern im Gesamtgewicht von 5 g (anderwärts Massennahrung!). In späteren Jahren — und teilweise anderen Beobachtungsgebieten — dagegen zählten Bucheckern zur Massennahrung.

Sommer- oder Stieleiche (Quercus robur): Am 25. April 1964 wurden 3 Ringeltauben erlegt, deren Kröpfe u. a. männliche Blüten von *Quercus robur* enthielten. Diese 3 Tauben sind übrigens nicht identisch mit den unter Rotbuche am gleichen Tage aufgeführten Tauben. Es hatte also keine Taube *gleichzeitig* Eichen- und Buchenblüten im Kropf. Das Gewicht der Eichenblüten stellte sich auf 0,5—2,0 und 7,0 g je Kropf.

Es finden sich häufig Berichte, in welchen von einer hohen Anzahl Eicheln im Taubenkropf die Rede ist. Solche Meldungen sagen nicht viel aus, wenn nicht das Gewicht angegeben ist sowie der genaue Name der Eiche. Bei den Taubenkröpfen entnommenen Eicheln *(Quercus robur)* schwankte das Gewicht der einzelnen Früchte zwischen 2 und 11 g je Stück. Die Höchstzahl an Stieleicheln zählte ich vor wenigen Jahren mit 38 Stück, doch machte ich damals noch den Fehler, das Gewicht nicht zu ermitteln. Die höchste Zahl bei der jetzigen Untersuchung belief sich auf 19 Stück, doch erreichten diese nur ein Kropfgewicht von 86 g. Das höchste Kropfinhaltgewicht stellte sich auf 89 g bei einem Inhalt von nur 13 keimenden Stieleicheln.

In der Zeit vom 1. September bis 31. Oktober 1964 wurden 45 Tauben erlegt. Von diesen enthielten 32 Eicheln, entweder ausschließlich oder mit anderer Äsung gemischt. Das bedeutet, daß in dieser Zeit 70 % der erlegten Tauben Eicheln aufgenommen hatten. Es folgte eine Pause von 2 Monaten, in welchen 9 untersuchte Tauben keine Eicheln aufwiesen. Im Januar 1965 enthielten 4 Kröpfe bei 18 erlegten Tauben wiederum Stieleicheln, also bei 22 %. Anfang Februar wurde dann noch einmal eine einzelne Eichel gefunden.

Der geringste Eichelgehalt eines Kropfes stellte sich auf 4 g, der höchste auf 89 g. Die niedrigste Eichelzahl je Kropf stellte sich auf 1, die höchste auf 19, der Durchschnitt also auf 6,3 Eicheln je Kropf.

Das durchschnittliche Eichelgewicht je Kropf betrug 29,5 g, das Durchschnittsgewicht der einzelnen Eichel 4,7 g.

Die ersten, am 12. 9. vorgefundenen Eicheln waren noch grün und trugen z. T. noch das »Hütchen« mit einem Teil des Stieles. Sie waren also von den Tauben auf dem Baum abgerissen worden. Verhaltensbeobachtungen bestätigten diesen Vorgang. Später waren die vom Boden aufgelesenen Eicheln von brauner Farbe, und vom 25. Oktober ab zeigten sie z. T. mehr oder weniger lange Keime, platzten im Januar auch schon in zwei Hälften auseinander. Bei einer im Raume Elmpt (holländisches Grenzgebiet) erlegten Ringeltaube konnten 53 Eicheln der Amerikanischen Roteiche gezählt werden.

Kiefer (Pinus silvestris): In zwei am 19. 4. untersuchten Kröpfen befand sich Samen dieser Kiefer, und zwar in einem Kropf 7 Stück mit ca. 0,5 g und in dem anderen 87 Samen von 5,0 g. Die Ringeltauben lesen solche Samen nicht nur vom Boden auf, sondern vermögen sie auch aus weit offenstehenden Zapfen herauszupicken, wie ich selber schon beobachtete.

Herzkirsche (Prunus avium): Eine am 7. 6. frühmorgens erlegte Taube hatte ausschließlich einen dicken, aber nackten Kirschkern im Kropf. Eine am gleichen Tage abends erlegte Taube zeigt neben 22 g Grünzeug auch drei reife Herzkirschen. Aus früheren Jahren weiß ich, daß Ringeltauben große, gut volle Kirschbäume in unserem Obstgarten am Stadtrande nahezu leerplünderten.

Sauerkirsche (Prunus cerasus) (n) *): Ihre Zweige sind im allgemeinen zu dünn und schwankend, um der Ringeltaube zu gestatten, von dort aus die Früchte zu ernten. Trotzdem fanden die Vögel in meinem Garten zwei Möglichkeiten, an die Kirschen heranzukommen. Die eine bestand darin, daß sie über die Mauer liefen, welche unter den fruchttragenden Zweigen hindurchführte. Die zweite nutzte den

*) Siehe Fußnote Seite 50.

Umstand aus, daß ständig Türkentauben und Amseln in den Bäumen die Kirschen abpickten. Ein Teil davon fiel zu Boden und wurde dort von den Ringeltauben aufgelesen.

So entstehen bei den beiden Kirscharten echte Schäden durch Wildtauben dadurch, daß zunächst die Knospen, dann die eben angesetzten und später auch die reifen Früchte in Mengen abgeäst werden.

Mirabelle (Prunus divaricata) (n) *): Der Inhaber des Forstgutes Ehringhausen bei Remscheid berichtete mir 1972, daß die Ringeltauben ebenso wie bei den Herzkirschen empfindliche Schäden anrichten.

Apfelbaum (Pirus spec.) (n) *): Eine von mir Ende April 1973 erlegte Ringeltaube hatte den Kropf zur Hälfte mit Apfelblüten gefüllt, die sich soeben öffneten und den rosa Rand der Blütenblätter erkennen ließen. WALTER HASENCLEVER berichtet, daß 1972 die Tauben scharenweise in die Apfelbäume einfielen, um die gerade angesetzten Früchte zu äsen. Diese Erscheinung war dem erfahrenen Besitzer der Obstplantage absolut neu.

Robinie (Robinia pseudakazia) (n) *): Obwohl dieser Baum in den niederrheinischen Waldungen nicht selten ist, fand ich deren Blüten nie in Taubenkröpfen. Aus dem Bergischen Land dagegen wird mir berichtet, daß deren Blüte eindeutig vor allen anderen bevorzugt wird. Bis zu 50 Tauben sind dann in einem Baum anzutreffen.

Johannisbeere (Ribes rubrum und *nigrum)* (n) *): Beim Abäsen der reifen Früchte auf Hochstämmen machen vor allem die Türkentauben beträchtliche Schäden, während ich an niedrigen Sträuchern auch vom Boden aus äsende Ringeltauben beobachten konnte.

Mistel (Viscum album) (n) *): Unter dem Absatz »Beeren« ist dieser Halbschmarotzer bereits erwähnt worden. Hier wird er noch einmal angeführt, weil ich im Kropf einer am 22. 4. 1972 erlegten Ringeltaube drei größere Teile (Spitzenteile) von Mistelblättern vorfand.

d) Hackfrüchte

Es konnten sowohl Kartoffeln als auch Rüben als Taubennahrung nachgewiesen werden. Durch längeres Beobachten von Tauben vor der Erlegung konnte festgestellt werden, daß sowohl Futter-(Runkel-)rüben wie Stoppelrüben aufgenom-

*) Siehe Fußnote Seite 50.

men werden. Allerdings ist die Aufnahme der Hackfrüchte an besondere Gegebenheiten gebunden.

Dadurch, daß die Bauern bei der Kartoffelernte Sortiermaschinen verwenden, bleiben im Herbst auf den Feldern Tausende von Kartöffelchen in etwa Daumengliedgröße liegen. Monatelang interessieren sich die Tauben hierfür überhaupt nicht. Erst wenn die Kartöffelchen durch und durch zerfroren sind und die bittere Härte sich in eine süße Fäule verwandelt hat, erwacht in den Tauben nahezu schlagartig eine wilde Gier nach diesen Kartoffeln.

In den Kröpfen finden sich die Kartoffeln als eine weißliche, bräunlich marmorierte und breiige Masse, in der manchmal noch die Schalen der Kartoffeln, vereinzelt sogar noch die ganzen Knollen, zu erkennen sind. Durch den hohen Feuchtigkeitsgehalt ist diese Masse besonders schwer.

Im Jahre 1964 wurde Kartoffelnahrung zum ersten Male am 15. März festgestellt, letztmalig am 26. April. Da fand sich in einem Kropf noch eine ganze Knolle von 3 g Gewicht. Ein anderesmal fanden sich 4 ganze Knollen von zusammen nur 6 g, als schwerstes einmal eine noch unbeschädigte Knolle von 10 g. In allen anderen Fällen fand sich nur die Breimasse, hin und wieder mit Schalenresten gemischt, vor.

In der Zeit vom 15. März bis 26. April wurden 87 Tauben untersucht. Von diesen enthielten 17, also rund 20 %, Kartoffelbrei. In allen Fällen war andere Äsung – entweder Blätter oder Körner – beigemischt. Die geringste Menge je Kropf belief sich auf 1, die höchste auf 85 g. Im Durchschnitt der 17 Kröpfe belief sich das Gewicht des Kartoffelbreis auf 24,5 g.

Im Jahre 1965 wurde Kartoffelbrei erstmalig am 13. Februar, letztmalig am 12. April festgestellt. In diesem Zeitraum wurden 46 Tauben untersucht. 8 Kröpfe, also stark 17 %, enthielten Kartoffelbrei, in allen Fällen mit anderen Bestandteilen gemischt. Die geringste Menge je Kropf belief sich auf 2, die höchste auf 63 g, im Durchschnitt auf 34,5 g.

Bei den Rüben als Taubennahrung liegen die Dinge ähnlich wie bei den Kartoffeln. Auch hier muß nach Frösten erst eine bestimmte Fäule erreicht sein, ehe die Tauben sich schlagartig auf die Nahrung stürzen. Durch sorgfältige Feldbeobachtungen konnte festgestellt werden, daß die Ringeltauben (wenn auch seltener) Futterrüben aus geöffneten Rübenmieten entnehmen. Beliebter aber sind die Stoppelrüben, von denen nach der Ernte immer eine Anzahl herumliegen, manchmal auch zu Winterbeginn ganze Felder nicht mehr abgeerntet werden.

Der Rübenbrei unterscheidet sich von dem Kartoffelbrei durch seine schwarzbraune Färbung und durch seinen manchmal fast bestialischen Silogestank, welcher sich nach meinen Erfahrungen jedoch nicht auf das Wildpret überträgt. Dagegen wird das Wildpret bitter, wenn die Tauben sich längere Zeit ausschließlich von Rosenkohl ernährten.

Im Jahre 1964 fand ich den ersten Rübenbrei am 22. Februar, den letzten am 15. April. In diesem Zeitraum untersuchte ich 35 Kröpfe, von denen 34, also rund 97 (!) % Rübenbrei enthielten. In allen Fällen war er mit anderen Nahrungsteilen gemischt. Die geringste Menge je Kropf belief sich auf 7 g, die höchste auf 85 und 70,5 g. Der Durchschnitt stellte sich auf 37,7 g.

Im Jahre 1965 fand ich den ersten und letzten Rübenbrei am 6. Februar. An diesem Tage wurden 26 Tauben erlegt und untersucht. Von diesen enthielten 8 Kröpfe, also rund 21 %, Rübenbrei – in allen Fällen mit anderer Nahrung gemischt. Die geringste Menge betrug 31 g, die höchste 62 g, der Durchschnitt 43,9 g.

Wenn auch Kartoffeln und Rüben direkt oder indirekt zur menschlichen Nahrung gehören, so kann in den vorliegend geschilderten Fällen doch nicht von einem Taubenschaden gesprochen werden.

Zu diesem Thema vermerkt das »Handbuch der Deutschen Vogelkunde« (1942): Die Ringeltaube soll sogar Rüben und Kartoffeln anpicken (REH).

e) Gemüse, insbesondere Gemüseblätter

Die Literatur führt an: Spargel, Spinat, Kohl aller Art, Raps, Radieschen, Salat, Rüben, Erbsen, Rotkohl. (Unter »Kohl« werden Blattfragmente verstanden, die zwar durch mikroskopische Oberflächenuntersuchung als kohlartiges Gewächs ausgewiesen wurden, deren genaue Artzugehörigkeit jedoch nicht ermittelt werden konnte.)

Monat	Unter- suchte Tauben	davon mit Gemüse	%	Kohl	Blumen- kohl	Rosen- kohl	Grün- kohl	Wir- sing	Stoppel- rüben
Okt. 63	2	0	0	—	—	—	—	—	—
Nov.	0	0	0	—	—	—	—	—	—
Dez.	13	11	85	—	—	45,3	3,0	—	—
Jan. 64	3	3	100	—	—	—	—	—	22,7
Febr.	14	7	50	—	—	—	—	—	8,7
März	40	2	5	0,2	—	—	0,1	—	—
April	72	3	4	2,7	—	—	—	—	—
Mai	8	5	63	16,5	6,0	—	—	—	—
Juni	23	1	5	10,0	—	—	—	—	—
Juli	13	0	0	—	—	—	—	—	—
Aug.	24	6	25	2,7	—	—	—	—	—
Sept.	19	0	0	—	—	—	—	—	—
Okt.	31	3	10	4,5	—	—	—	—	2,0
Nov.	4	1	25	—	—	18,0	—	—	—
Dez.	5	5	100	—	—	31,0	0,5	—	5,6
Jan. 65	18	15	83	—	0,1	16,0	—	—	38,3
Febr.	46	29	63	—	—	34,9	36,0	40,5	26,4
März	19	2	10	—	—	—	—	1,3	—
April	6	0	0	—	—	—	—	—	—
Summe:	360	93	26						

Um festzustellen, welche Gemüsearten von besonders vielen Tauben angenommen werden, wurde eine weitere übersichtliche Tabelle erstellt (Seite 63). Die Zahlen unter den Gemüsearten geben an, wieviele Tauben in dem betreffenden Monat Blattfragmente des Gemüses im Kropf aufweisen.

Die Addition der Gemüsekolonnen entspricht nicht der Summe der untersuchten Kröpfe, da manche Tauben mehrere Gemüsesorten gemischt im Kropf aufwiesen.

In den vorhergehenden Tabellen ist Weißkohl nicht angeführt. Er war zwar im Untersuchungsgebiet in größeren Mengen vorhanden, wurde jedoch diesmal — im Gegensatz zu früheren Beobachtungsjahren — nicht angenommen.

Außer Blättern äsen die Ringeltauben auch Samen von Kohlgewächsen. In mehreren Kröpfen wurde eine Anzahl dicker, rundlicher Samen gefunden, welche als

»Samen von Kohl oder Raps« erkannt wurden. In meinem eigenen Jagdrevier, in dem die Untersuchungen durchgeführt wurden, waren allerdings keine Raps-felder angebaut. Meine entsprechenden Funde fallen in die Zeit vom 4. bis 18. April 1964. Da fanden sich in 8 Kröpfen solche Kohlsamen in kleinen Mengen. Ich zählte von 1 bis 27 Stück — im Durchschnitt der 8 Kröpfe 7 Samenkörner. Alle waren mit anderer Äsung gemischt. Die höchsten, diesmal festgestellten Kropfgewichte bei Gemüseinhalt beliefen sich auf 72 bzw. 73 g Rosenkohl. Bei einer früheren Untersuchung im Katastro-phenwinter 1963 wurden 105 bzw. 115 g Rosenkohl ermittelt. Netto, also bei geleertem Kropf, wog letztere Taube noch über 500 g. Das bedeutet, daß der Kropfinhalt gut 20 % des Körpergewichtes ausmachte.

Als weitere Gemüsearten, die als Nutzpflanzen auf Acker- und Gartenland vor-kommen, sind als Taubennahrung zu nennen: Erbse, Bohne, Große Bohne, Flachs, Schwedenluzerne, Futterwicke, Kümmel, Waldmeister.

Innerhalb der jetzigen Beobachtungsreihe wurde von diesen ein einziger Fund gemacht. Am 22. August hatte eine Taube zwischen zahlreichen keimenden Roggenkörnern eine einzelne Erbse im Kropf.

Monat	Kröpfe mit Gemüse	Kohl	Blumen-kohl	Rosen-kohl	Grün-kohl	Wir-sing	Stoppel-rüben
Dez. 63	11	—	—	11	1	—	—
Jan. 64	3	—	—	—	—	—	3
Febr.	7	—	—	—	—	—	7
März	2	2	—	—	1	—	—
April	3	3	—	—	—	—	—
Mai	5	4	1	—	—	—	—
Juni	1	1	—	—	—	—	—
Juli	—	—	—	—	—	—	—
Aug.	6	6	—	—	—	—	—
Sept.	—	—	—	—	—	—	—
Okt.	3	1	—	—	—	—	2
Nov.	1	—	—	1	—	—	—
Dez.	5	—	—	3	1	—	2
Jan. 65	15	—	1	4	—	—	13
Febr.	29	—	—	7	2	1	22
März	2	—	—	—	—	2	—

Als vor einigen Jahren im gleichen Gebiet ein Bauer versuchte, Erbsen im Feldanbau zu ziehen, fielen Scharen von Tauben über dieses Feld her. Alle von mir erlegten Tauben hatten die Kröpfe prall mit Erbsen gefüllt. Der Schaden war so groß, daß der Bauer sich gezwungen sah, das Feld umzupflügen und anderweitig zu bestellen.

f) Gräser

In der Literatur sind erwähnt: Fuchsschwanz (*Alopecurus*), Raygras (*Lolium perenne*), Roggen (*Secale cereale*), Hafer (*Avena sativa*), Weizen (*Triticum sativum*), Gerste (*Hordeum vulgare* = vierzeilige, *H. distichum* = zweizeilige), Mais (*Zea mais*) und Buchweizen (*Fagopyrum esculentum*). Fast alle diese Pflanzen wurden auch bei der vorliegenden Untersuchungsreihe festgestellt. Buchweizen wurde im Gebiet nicht angeboten.

Blattfragmente: Von 360 Kröpfen enthielten in 18 Monaten nur 14 Kröpfe, also knapp 4 %, abgerissene Blattspitzen. Meist waren nur eine bis drei oder fünf, einmal auch elf Blatteile zu finden. Eine Ausnahme machte eine am 1. 4. 1965 erlegte Taube. Neben stark 30 g Hahnenfuß- und Rotkleeblättern zählte ich noch 163 Grasspitzen, welche zusammen nur 1 g wogen. Auch dieser Vorgang scheint zu beweisen, daß Tauben einen recht individuellen Geschmack haben, denn Gräser werden zu jeder Jahreszeit überreichlich angeboten.

Raygras: Wenn im März und April das Raygras ausgesät wird, dann machen einzelne Tauben sich die Mühe, die Samen aufzupicken. Dies ist eine anstrengende Arbeit, denn etwa 100 Samenkörner wiegen erst rund 1 g. Im März und April 1964 und 1965 unterzogen sich nur 8 Tauben = 2 % dieser Mühe. Ich stellte fest: 7 Körner, 32 Körner, 37 Körner, 1 g Samen, 4 g Samen (= 385 Körner), 6 g, 8 g und 9,5 g Samen. (Um letztere zu sammeln, mußte die Taube also rund tausendmal picken.)

Getreidekörner: Im Hinblick auf die möglichen Schäden, die Ringeltauben in der Landwirtschaft anrichten können, wurde dieser Abschnitt über »Getreide als Ringeltaubennahrung« zeitlich unterteilt. Zunächst werden die Wintermonate betrachtet und dann die Zeit von der Aussaat bis zur Ernte (Februar—September).

Getreide als Nahrung in den Wintermonaten

Im *Oktober 1963* wurden 2 Kröpfe untersucht. Beide enthielten Getreide. Der erste enthielt ausschließlich 60 g = 852 Gerstenkörner, der andere neben sonstiger Äsung 47 g = 758 Weizenkörner.

Im *November* wurde trotz vieler Bemühungen keine Taube erlegt. Die ortsansässigen waren offenbar schon abgezogen, die Wintergäste noch nicht eingetroffen.

Im *Dezember* wurden 13 Kröpfe untersucht. Davon enthielten 2 = 15 % Getreide. Der eine ausschließlich 32 g = 488 Weizenkörner, der andere (mit Kohl gemischt) 30 g = 461 Weizenkörner.

Im *Januar 1964* wurden 3 Kröpfe untersucht. Sie enthielten kein Getreide.

Im *Oktober 1964* wurden 31 Kröpfe untersucht. Davon enthielten 15 = 48 % Getreide. 11 Kröpfe enthielten im Durchschnitt je 104 Gerstenkörner. Die anderen Kröpfe enthielten im Durchschnitt je 392 Weizenkörner.

Im *November* wurden 4 Kröpfe untersucht. 3 davon enthielten im Durchschnitt 431 Weizenkörner.

Im *Dezember* wurden 5 Kröpfe untersucht. Einer enthielt 273 Weizenkörner.

Im *Januar 1965* wurden 18 Kröpfe untersucht. Keiner enthielt Getreide.

Im *Februar* wurden 46 Kröpfe untersucht. 7, also 15 %, enthielten Getreide, z. T. verschiedene Arten im gleichen Kropf mit anderen gemischt. 5 Kröpfe enthielten im Durchschnitt 190 Weizenkörner. Ein Kropf enthielt 37 Gerstenkörner. Ein Kropf enthielt 141 Maiskörner, welche wohl von einer Fasanenfütterung stammten. 3 Kröpfe enthielten im Durchschnitt 37 Haferkörner.

Im *März* wurden 19 Kröpfe untersucht. Davon enthielten 13, also 68 %, Getreide. Es wurden gezählt in 12 Kröpfen von 64 bis 792, im Durchschnitt 344 Gerstenkörner, von denen einige bereits zu keimen begannen. Der 13. Kropf enthielt 946 Haferkörner.

Im ersten *Aprildrittel 1965* wurden noch 6 Kröpfe untersucht. Davon enthielten 5, also 83 %, Getreidekörner. Es wurden gezählt von 187 bis 692, im Durchschnitt 393 Gerstenkörner, von denen die meisten keimten.

Getreide als Nahrung in der Zeit von der Aussaat bis zur Ernte (Februar—September)

Ich machte eine Zusammenstellung derjenigen Tauben, deren Kröpfe ausschließlich oder teilweise Getreidekörner enthielten. Einige Kröpfe enthielten Getreidekörner verschiedener Art nebeneinander. Das Durchschnittsgewicht der Körner schwankte weniger nach Getreideart als je nach Feuchtigkeit des Kropfinhaltes zwischen 5—10 g je 100 Körner (s. Seite 66).

Es würde zu weit führen, die ganzen Unterlagen hier zu veröffentlichen. Aus den verschiedenen Kolonnen und Erläuterungen zu den einzelnen Positionen läßt sich die Geschichte des Nahrungsangebotes und damit des Verlaufs der landwirtschaftlichen Arbeiten und Verhältnisse ablesen.

Ausschnitt A zeigt, wie vom 22. 2. ab nur Saatweizen aufgenommen wurde, während ab Anfang März Saatgerste in steigender Menge hinzukommt.

Ausschnitt B zeigt besonders große Mengen von Saatgerste, alle am 22. März 1964 bei trübem Wetter aufgenommen. Eine Woche vorher fiel der letzte, leichte Schnee, drei Tage vorher herrschte bei Sonnenschein noch leichter Frost.

Ausschnitt C wurde am 11. April 1964 aufgenommen. Er zeigt, daß gleichzeitig Hafer, Weizen und Gerste ausgesät sind und dementsprechend aufgenommen werden.

Ausschnitt A:

Monat	Taube	Körnerzahl je Kropfinhalt von:				
		(Roggen)	Hafer	Weizen	Gerste	(Mais)
22. Februar 1964	c		247			
	d		15			
	e		3			
	f		72			
	g		1			
	h		437			
März 1964	a		5			
	b		255	5		
	c			6		
	d		64	1		
	e			271		
	f			32		

Ausschnitt B:

Monat	Taube	Körnerzahl je Kropfinhalt von:				
		(Roggen)	Hafer	Weizen	Gerste	(Mais)
22. Mai 1964	q			984		
	r			653		
	s			1087		
	t			525		
	u			637		

Ausschnitt C:

Monat	Taube	Körnerzahl je Kropfinhalt von:				
		(Roggen)	Hafer	Weizen	Gerste	(Mais)
11. April 1964	v		5	10	483	
	w		543	2		
	x				123	
	y		27	10	653	
	z		9	3	108	
	aa		11	9	62	
	ab		8	2	205	
	ac			2	226	

Bei geschlossener
Schneedecke
bietet sich den
Ringeltauben
der Rosenkohl
als willkommene
Notäsung an

... und so sieht
die wertvolle
Feldkultur nach drei
Wochen aus!

Die Einseitigkeit
der Äsung
läßt die Tauben
mit prallen Kröpfen
zu Dutzenden
dahinsterben

Ringeltauben-
Geläufe im Schnee

Hin und wieder haben sich bereits vollständige Pflänzchen mit langem Keimblatt und Wurzeln gebildet. So fand ich am 10. April 1965 in einem Taubenkropf 334 vollkommen ausgebildete Gerstenpflänzchen. Nichts widerlegt wohl besser die immer wieder (vielleicht zugunsten der Haustauben) verbreitete Mär, die Tauben könnten am Getreide keinen Schaden anrichten, da sie nur die Körner ablesen würden, die nutzlos auf der Erdoberfläche lägen.

Die Beispiele dürften genügen, um die Form meiner Aufstellungen zu verdeutlichen. Ich kann daher jetzt dazu übergehen, die einzelnen Monate zu besprechen.

Februar 1964: Von zehn untersuchten Kröpfen enthielten acht Getreidekörner. In allen Fällen waren diese mit anderen Äsungsteilen, wie Blattfragmenten, vor allem aber zerfrorenem Rübenbrei, gemischt. In drei Fällen zeigten die Körner bereits Keime bis zu doppelter Kornlänge — insgesamt bei 512 Weizenkörnern. Ein Kropf enthielt 315 Gerstenkörner, sieben Kröpfe 1—437 Weizenkörner, im Durchschnitt also 112 Weizenkörner.

März 1964: Von 40 untersuchten Kröpfen enthielten 26 Getreidekörner. In vier Fällen waren ausschließlich Getreidekörner vorhanden, in 22 Fällen waren diese mit anderen Nahrungsbestandteilen, wie Rübenbrei, Blattfragmenten, Unkrautsamen, Fliegenpuppen gemischt. In 5 Fällen zeigten die Körner bereits Keime bis zu doppelter Kornlänge — bei einem Kropf 255 keimende Weizenkörner, bei vier Kröpfen zusammen 167, im Durchschnitt also 42 Gerstenkörner. Insgesamt enthielten die 26 Kröpfe im März 1—1087 Gerstenkörner und 5—255 Weizenkörner oder im Schntt 320 Gersten- und 61 Weizenkörner.

April 1964: Von 72 untersuchten Kröpfen enthielten 68 Getreidekörner. In 13 Fällen waren ausschließlich solche vorhanden, in 55 Fällen waren diese mit anderen Nahrungsbestandteilen, wie Blattfragmente von Gemüse und Unkräutern, Unkrautsamen, Steinchen und Erde gemischt. In zwei Kröpfen waren die Körner *bis* zu doppelter Länge gekeimt (zusammen 939, im Schnitt 470). In acht Kröpfen waren die Körner um *mehr* als doppelte Kornlänge gekeimt, z. T. mit Blättchen und Wurzeln (zusammen 2 845, im Schnitt ca. 356 Gerstenkörner). Insgesamt enthielten die 68 Kröpfe im April 3—817 Haferkörner, 1—48 Weizenkörner, 3—887 Gerstenkörner oder im Schnitt 168 Hafer-, 9 Weizen- und 381 Gerstenkörner.

Mai 1964: Von 10 untersuchten Kröpfen enthielt nicht ein einziger auch nur ein Getreidekorn.

Juni 1964: Auch in diesem Monat würde von 21 untersuchten Kröpfen keiner ein Getreidekorn enthalten haben, wenn in meinem Revier nicht ein ungewöhnlicher Umstand eingetreten wäre. Seit dem Vorjahre unterstanden Felder und Büsche der Flurbereinigung. Unwirtschaftliche Ackerböden sollten mit Kiefern oder Bergahorn aufgeforstet werden. Die Landwirte waren rechtzeitig unterrichtet, doch hatte einer geglaubt, die Forstbehörde würde nicht pünktlich arbeiten. Er hatte daher seine Äcker noch mit Gerste eingesät. Die Aufforstungskolonne erschien jedoch pünktlich und pflanzte die jungen Bäume in die grünende Gerste. Als das Getreide hoch war, drohte es die Bäumchen zu ersticken. Die Forstbehörde erschien daher mit einer kleinen Motormähmaschine und mähte die Gerste zwischen den Baumreihen nieder.

Sofort stürzte sich eine Anzahl Tauben auf diese neue Nahrungsquelle. Sie konnten aber die Körner noch nicht auspicken und rissen sie daher mit den Spelzen und den langen Grannen heraus. Es war ein eigenartiger Anblick, beim Aufschärfen der Kröpfe dieses Gewirr von Grannen zu erblicken, welche zum Teil an den Körnern verblieben, zum Teil im Kropf abbrachen. Insbesondere die seitlichen Kropftaschen waren manchmal mit ganzen Büscheln langer Grannen vollgestopft.

Insgesamt enthielten von 21 untersuchten Kröpfen 8 unreife Gerstenkörner mit Grannen, alle ohne jegliche Beimischung anderer Nahrungsteile. Die Zahl der grannigen Gerstenkörner schwankte zwischen 242 und 453 und betrug im Durchschnitt 347 Gerstenkörner je Kropf.

Juli 1964: Der Trieb der Tauben zur Grannengerste dauerte noch bis zum 5. Juli. Alle sechs bis zu diesem Tage untersuchten Kröpfe enthielten *ausschließlich* diese unreife Gerste (62 bis 457 Körner). Nach einer Beobachtungslücke von zwölf Tagen wurde keine unreife Gerste mehr, sondern nur noch reife Körner gefunden. 5 Kröpfe enthielten ausschließlich Getreidekörner, in 7 Kröpfen waren dieselben mit anderen Äsungsbestandteilen gemischt. Nur 1 Kropf enthielt keinerlei Getreide. Insgesamt enthielten die 12 Kröpfe im Juli 62 bis 521, im Schnitt 277 Gerstenkörner. Außerdem enthielt 1 Kropf ausschließlich 847 Roggenkörner, ein anderer (mit Gerste gemischt) 6 Weizenkörner.

August 1964: Von 24 untersuchten Kröpfen enthielten 21 Getreidekörner. In 13 Fällen waren ausschließlich solche vorhanden, in 8 Fällen waren sie mit anderen Nahrungsbestandteilen gemischt. Insgesamt enthielten die 24 Kröpfe 75—150 Roggenkörner (im Schnitt 121), von denen die 150 Körner stark gekeimt waren. Weiter wurden festgestellt 22—605 (im Schnitt 260) Weizenkörner sowie 2—406 (im Schnitt 84) Gerstenkörner.

September 1964: Von 19 untersuchten Kröpfen enthielten 12 Getreidekörner. In 6 Fällen waren ausschließlich solche vorhanden, in 6 Fällen waren sie mit anderen Nahrungsbestandteilen gemischt. Darunter befanden sich an einem Regentag erstmals Regenwürmer in etwas größerer Menge. Insgesamt enthielten die 12 Kröpfe 21—391 (im Schnitt 216) Weizenkörner sowie 2—306 (im Schnitt 97) Gerstenkörner.

Das Ergebnis dieser monatlichen Betrachtungen wird in Tabelle 7 übersichtlich zusammengefaßt. In der Summenlinie besteht ein nur scheinbarer Widerspruch. Die Summe der Kröpfe mit verschiedenen Getreidearten (4 + 20 + 50 + 123) liegt mit 197 höher als die Summe der Getreide enthaltenden Kröpfe (155). Das beruht darauf, daß eine Anzahl Kröpfe verschiedene Getreidearten nebeneinander enthielten.

Eine Zwischenabrechnung aufgrund dieser Tabelle ergibt, daß zur Zeit der Aussaat (Februar bis April) 83,6 % der untersuchten Kröpfe Getreidekörner enthalten. In 84 Kröpfen sind Gerstenkörner enthalten, im genauen Durchschnitt 363 Stück. An zweiter Stelle steht der Weizen, der in 30 Kröpfen, jedoch mit wesentlich geringerer Körnerzahl vorkommt (43 Körner Durchschnitt). Am kleinsten ist mit 20 die Zahl der Kröpfe, welche Hafer enthielten. Allerdings liegt die Körnerzahl hierbei etwa in der Mitte zwischen Gerste und Weizen (168 Durchschnitt).

Tabelle 7

Untersuchte Kröpfe	davon mit Getreide	Anteil in %	Kröpfe mit Roggen	Zahl der Körner Ø	Kröpfe mit Hafer	Zahl der Körner Ø	Kröpfe mit Weizen	Zahl der Körner Ø	Kröpfe mit Gerste	Zahl der Körner Ø
Februar 10	8	80	—	—	—	—	7	112	1	315
März 40	26	65	—	—	—	—	6	61	24	320
April 72	68	94	—	—	20	168	17	9	59	381
Mai 10	—	—	—	—	—	—	—	—	—	—
Juni 21	8	38	—	—	—	—	—	—	8	347
Juli 13	12	92	1	874	—	—	1	6	11	277
August 24	21	88	3	121	—	—	16	260	8	84
September 19	12	64	—	—	—	—	3	216	12	97
Summe: 209	155	74,2	4	—	20	—	50	—	123	—

In der Erntezeit (Juli bis September) enthalten 80 % der untersuchten Kröpfe Getreide-körner. Wiederum steht Gerste mit 31 Kröpfen an der Spitze, bei durchschnittlich 158 Körnern. Es folgt Weizen in nur 20 Kröpfe jedoch mit einem Körnerdurchschnitt von 241 Stück. In nur 4 Kröpfen wird Roggen angetroffen, doch ist hier der Körner-durchschnitt mit 309 Stück am höchsten. Vielleicht kann hieraus gefolgert werden, daß zur Erntezeit nur wenige Tauben auf Roggen erpicht sind, ihn dann aber gründlich äsen. Zur Saatzeit scheint der Roggen allgemein unbeliebt zu sein, da ich ihn in diesem Jahr trotz größeren Anbaus nicht in einem Kropf vorfand.
Wenn zur Erntezeit in keinem Kropf Haferkörner gefunden wurden, dann zeigt dies ein-deutig, daß reifer Hafer bei den Tauben sehr wenig geschätzt ist. Jedenfalls wird er dort nicht angenommen, wo andere Getreidearten zur Verfügung stehen.

Den Jäger interessiert in erster Linie, ob und woran die Ringeltauben Wildschaden anrichten. Dies nicht nur, wenn er in einzelnen Revieren laut Pachtvertrag zum Schadenersatz verpflichtet ist, sondern auch im Hinblick auf eventuelle Fasanen-schäden. Wenn nämlich in einem Revier wenig Fasanen, aber viele Tauben (auch Haustauben) vorhanden sind, dann wird sich der aufmerksame Waidmann mit Erfolg dagegen wehren können, daß alle Schäden am Saatgut ausschließlich durch Fasanen verursacht und deshalb wildschadenersatzpflichtig sein sollen. Im übrigen zeigt sich auch in solchen Fällen deutlich, ob ein gutes Einvernehmen zu den Land-wirten besteht. Wohlgesonnene Bauern werden nie die »Mindestmenge« aussäen, sondern eine ausreichende Reserve für Tauben und Fasanen einrechnen. Wenn aber jeder frische Gerstenacker von einigen hundert Tauben überfallen wird, dann helfen auch solche Reserven nicht.

Man kann darüber streiten, ob es sich bei den Getreidemengen, welche zur *Erntezeit* in den Taubenkröpfen gefunden werden, um echte Schäden für den Landwirt handelt. Meine persönliche Ansicht geht dahin, daß effektive Schäden nur dort vorliegen, wo das Getreide abgemäht wird und in Garben stehen bleibt. Kein Schaden entsteht dort, wo mit dem Mähdrescher gearbeitet wird, denn dort können die Tauben nur die Körner aufnehmen, die nutzlos zu Boden gefallen sind.

Wenn ich von der Aussaat bis zur Ernte nur die Zeit vom 1. Februar bis 30. September gewählt habe, dann bedeutet das keineswegs, daß damit die Getreideschäden alle erfaßt seien. Tatsächlich zeichnet sich im Oktober bis in den November hinein die Aussaat von Winterweizen und Wintergerste deutlich dadurch ab, daß wiederum Hunderte von Saatkörnern die Kröpfe füllen. Nur dort, wo reichliche Eichelmast zur Verfügung steht, werden die Verluste dadurch gemindert.

Schließlich wäre es ein Trugschluß, aus meiner Untersuchung folgern zu wollen, daß die Tauben während der Sommer- und der Wintermonate, in denen kein Körnerfutter zur Verfügung steht, keinen Schaden anrichten würden. Die in dieser Zeit entstehenden Schäden sind in Gemüseanbaugebieten sogar noch erheblich höher. Im Sommer werden die frisch ins Feld versetzten Pflänzchen durch Abrupfen der Blätter sehr geschädigt. Aber auch, wenn — z. B. bei Blumenkohl — die Pflanze neue Blättchen bildet, kommt es nicht mehr zu einer richtigen Herzbildung. Solche Schäden gehen bei einem einzelnen Gemüsebauer schon in die Tausende.

Im Winter schließlich, wenn sich Massen von überwinternden Tauben auf die den Schnee überragenden Rosenkohlfelder stürzen, ist es um diese in wenigen Tagen geschehen. Der Waidmann hat daher allen Grund, auch wenn es manchmal lästig ist, ein Überhandnehmen der Tauben zu verhindern.

Tierische Nahrungsbestandteile

An animalischen Bestandteilen sind bekannt: Regenwürmer, Nacktschnecken, Gehäuseschnecken, Schnurfüßler; Blattläuse, Schildläuse; Maikäfer, Junikäfer, Getreidelaubkäfer, Kartoffelkäfer, Rapsglanzkäfer; Blattwespenlarven, Raupen und Puppen von Schmetterlingen wie Eichenwickler, Tannenwickler, Frostspanner usw. Animalische Nahrung wurde anderweitig in großen Mengen je Kropf gefunden, wie z. B. 57 Gehäuseschnecken, 533 Larven der Fichtenblattwespe, 437 Puppen und 109 Räupchen des Eichenwicklers, 1000 Puppen des Tannenwicklers.

In »The Handbook of British Birds« werden für Ringeltauben 96,5 % pflanzlicher gegen 3,5 % tierischer Bestandteile angeführt. Alle diese Angaben lassen die Vermutung aufkommen, daß die Aufnahme animalischer Nahrung örtlich, vielleicht auch klimatisch sehr unterschiedlich ist. Im hiesigen Beobachtungsgebiet ist der Anteil minimal. In den untersuchten Kröpfen fand sich am 14. 3. 1964, am 15. 3., am 6. 4. und am 11. 4. in je einem Kropf eine einzige, winzige Fliegenpuppe. Das Forstzoologische Institut der Universität Göttingen schreibt dazu: »Dipteren-Puparien, möglicherweise von Tachinen (Unterfam. *Calliphorinae?*)«.

Ein einzigesmal enthielt am 25. 4. der Kropf einer Taube das weißliche *Gehäuse* einer *Schnecke*. Es hat die Form einer Tellerschnecke. Das juvenile Exemplar gehört nach Ansicht des bereits erwähnten Forstzoologischen Instituts Göttingen zur Art *Goniodiscus rotundatus*.

Etwas häufiger ist das Vorkommen von zerstückelten Regenwürmern in Taubenkröpfen. Es wurden folgende Funde gemacht:

am 14. 3. 64 in 1 Kropf 1 Stück von 3 cm Länge,

am 11. 4. 64 in 1 Kropf 3 Stücke von 2, 3,5 und 6 cm Länge,

am 19. 4. 65 in 1 Kropf 3 Stücke von 5,5, 7,4 und 8 cm Länge,

am 19. 9. 64 in 1 Kropf 7 Stücke von zusammen 12,2 cm Länge,

am 16. 10. 64 in 1 Kropf 11 Stücke (7 von 1,2—1,4 cm Länge und je 1 Stück von 3,5, 4, 5,5 und 7,5 cm Länge)

Zusammengefaßt: 4× Fliegentönnchen

1× Schneckengehäuse

5× Regenwürmer

10× Kröpfe mit tierischer Äsung

Bei 360 Tauben würde dies zwar rund 3 % der untersuchten Kröpfe ausmachen, doch ist dieser animalische Anteil gewichtsmäßig zur Gesamtnahrung so minimal, daß er sich kaum in Promillen ausdrücken lassen dürfte.

Anorganische Nahrungsbestandteile

Gemischt mit anderer Nahrung finden sich in Taubenkröpfen häufig kleinere Mengen von Erde und Steinchen. Die Erde gelangt meist dadurch in den Kropf, daß sie — namentlich bei feuchtem Wetter — anderer Nahrung anhaftet. In Ausnahmefällen wird sie aber auch gesondert aufgenommen. Dagegen werden die Steinchen wohl zu Verdauungszwecken häufig aufgepickt. Meist handelt es sich um kantige Quarzitsteinchen, aber auch rundliche Kiesel. Steinchen fand ich nur dann in den Kröpfen, wenn auch Getreidekörner vorhanden waren. Das bedeutet aber umgekehrt nicht, daß auch stets Steinchen zu finden waren, wenn der Kropf Getreidekörner enthielt.

Näheres zeigt die folgende Tabelle 8. Auffallend ist das Vorhandensein größerer Mengen von Erde im März/April beider Jahre. Dabei ist zu bemerken, daß auffallende Zahlen von 8—11 g Erde im April 1964 bei trockenem, sonnigem Wetter vorgefunden wurden.

Tabelle 8

Monat	Steinchen	Erde	Monat	Steinchen	Erde
Februar 1964	1× 1 Stück	1× etwas	September	1× 4 Stück	1× etwas
März	1× 11 Stück	1× 1,0 g		1× 16 Stück gleich 0,5 g	
		1× 2,5 g		1× 24 Stück gleich 2,0 g	
April	6× 1 Stück	5× etwas			
	1× 2 Stück	5× 1,0 g	Oktober	1× 2 Stück	1× etwas
	4× 3 Stück	1× 1,5 g		2× 3 Stück	1× 1,0 g
	2× 4 Stück	5× 2,0 g		1× 6 Stück	1× 1,5 g
	1× 5 Stück	1× 3,0 g		1× 7 Stück	
	1× 13 Stück	2× 8,0 g		1× 52 Stück	
	1× 18 Stück	1×11,0 g	27. Dez. 1964	1× 1 Stück gleich 5,0 g	
	1× 47 Stück gleich 1,5 g		März 1965	1× 38 Stück gleich 1,0 g	1× etwas
	1× 76 Stück				1× 1,0 g
	1×157 Stück gleich 4,0 g				1× 3,0 g
Juni	1× 1 Stück		April 1965	1× 3 Stück	1× etwas
	1× 2 Stück			1× 5 Stück	1× 4,0 g
	1× 3 Stück				
Juli	2× 1 Stück	1× 1,0 g			
	1× 7 Stück				
	1× 25 Stück				

Zu dem am 27. 12. 1964 verzeichneten Kieselstein ist zu bemerken, daß er sich nicht mehr im Kropf, sondern bereits im Magen der Taube befand. Seine Außenmaße betrugen 13 × 15 × 20 mm. Nach Form und Farbe des Steines kann vermutet werden, daß die Taube sich geirrt hat und in Wirklichkeit glaubte, eine Eichel gefunden zu haben. Dies wird auch dadurch wahrscheinlicher, weil in den Wintermonaten sonst keine Steine in den Kröpfen gefunden wurden. Diese Beobachtung leitet über zu einigen anderen außergewöhnlichen Kropffunden.

Besonderheiten in Taubenkröpfen

Die Untersuchungen ergaben auch einzelne Seltenheiten. Am 4. 7. 1964 fand sich in einem Kropf ein Dürrzweig von 1 mm Durchmesser und 14 mm Länge. Vermutlich handelt es sich hier auch um einen Irrtum der Taube.

Sehr viel interessanter ist der Fund eines am 25. 4. 1964 untersuchten Kropfes. Neben je über 100 Hafer- und Gerstenkörnern sowie 76 Steinchen wurden 7 *Sklerotien* eines Pilzes gefunden (*Sclerotinia spec.*). Bisher waren Sklerotien noch nie in den Kröpfen der verschiedensten Vögel, welche dem Staatsinstitut für angewandte Botanik in Hamburg vorgelegt wurden, angetroffen worden. Solche Sklerotien kommen im Boden vor. Es sind feste, knollige Hyphenverbände bei Pilzen (Hyphen-Bestandteile des Myzels). Die von mir dem Kropf entnommenen 7 Sklerotien sind rundlich, etwas flach, und haben einen Durchmesser von 3—5 mm. Die Oberfläche ist erdbraun gefärbt und rauh wie die Außenschale einer Walnuß. Schabt man die kreideharte Oberfläche etwas an, so tritt das weiße Innere zutage.

Ebenso wie das Vorkommen von Sklerotien in Taubenkröpfen bezeichnet Dr. DEUTSCHMANN auch den Fund von *Eichengallen* in Taubenkröpfen als erstmalig. Ich fand zwei verschiedene Arten Eichengallen, und zwar:

a) Die *Napfgalle* (*Neuroterus numismalis*), auch Knopfgalle genannt. Diese werden an der Unterseite der Eichenblätter oft in großer Zahl erzeugt. Die Vertiefung in der Mitte ist anfangs flach, später mit wulstartigem Rand. Sie überwintern am Boden.

b) Die *Linsengallen*. Sie stammen von der Eichenlinsen-Gallwespe (*Neuroterus quercus-baccarum*). Diese legt im Juni befruchtete Eier in junge Eichenblätter. Aus diesen entwickeln sich massenhaft Linsengallen, die im Herbst von den Blättern fallen und am Boden noch an Größe zunehmen. Im darauffolgenden März schlüpfen aus diesen Gallen lauter Weibchen.

Erstmalig fand ich Napfgallen im Kropf einer Jungtaube am 27. September 1964. Neben anderen Nahrungsbestandteilen zählte ich 18 Gallen. Weiter fand ich 12 Napfgallen im Kropf einer Alttaube am 8. Oktober, und gar 86 Napfgallen im Kropf einer Jungtaube am 16. Oktober 1964.

Von den etwas größeren Linsengallen fand ich 22 Stück — ebenfalls am 16. 10. — in dem Kropf einer anderen Jungtaube.

Wenn Eichengallen bisher nicht in Taubenkröpfen gefunden wurden, bei meinen Beobachtungen jedoch innerhalb von 3 Wochen gleich viermal, dann ist zu vermuten, daß in meinem Beobachtungsgebiet die in Frage kommenden Gallwespen in dem betreffenden Jahre besonders häufig waren. Tatsächlich habe ich auch bis 1973 in keinem Kropf mehr Gallen vorgefunden.

Kropfmilch

Am 26. Juli 1964 erlegte ich eine Taube, deren Kropfhaut auf der ganzen Vorderseite einen 1 bis 2 mm dicken Belag zeigte. Noch wenige Male fand ich solchen Belag an anderen Tagen, doch trat er dann nur in den seitlichen Kropftaschen auf. Stellenweise erinnert die Oberfläche dieses Belages an die Oberfläche eines Maiskolben (in verkleinertem Maßstabe), stellenweise wirkt sie mehr schaumig. Bei dem Belag handelt es sich um die sogenannte Kropfmilch, die dadurch erzeugt wird, daß sich Teile der beidseitig lateral im Kropf angeordneten Läppchen im Zustand der Produktion befinden. Eine solche Hypertrophie der lateralen Kropfläppchen setzt bereits zum Zeitpunkt des Brutbeginns ein, und zwar bei *beiden* Elterntieren.

Unter diesen Umständen halte ich es für überraschend, wenn ich Kropfmilch so selten vorfand, denn in den von hohen Schäden bedrohten Gemüseanbaugebieten wurden mir auch während der Sommermonate Tauben zugänglich. Es sollte aber hervorgehoben werden, daß in der Vogelwelt bisher nur von den Tauben bekannt ist, daß sie selbständig Nahrung produzieren. Diese biologische Rarität ist selbst vielen Vogelfreunden unbekannt. — Neuerlich berichtet DIETER HARMUTH über die chemische Zusammensetzung der Kropfmilch ausführlich in der Zeitschrift »Der Zool. Garten«.

Neben der Kropfmilchbildung enthielten die gefundenen Belegstücke in einem Fall noch 318 Weizenkörner, in einem anderen Fall 117 Gerstenkörner. Der geschlossene Kropfmilchbelag wog 12,5 g. In ihren ersten Lebenstagen werden Jungtauben ausschließlich mit Kropfmilch ernährt.

Nutzen und Schaden

Um die erstellten Unterlagen richtig auswerten zu können, wurde aus dem Ergebnis der Untersuchung von 360 Taubenkröpfen eine große Tabelle ausgearbeitet. In die Breite wurden Längsspalten von sämtlichen vorgefundenen Äsungsbestandteilen vorgezeichnet. Dann wurden in chronologischer Reihenfolge alle erlegten Tauben darin eingetragen mit Vermerken über Gewichte, die einzelnen Funde und sonstige Feststellungen. Am Ende jeden Monats wurden Zwischenabrechnungen gemacht.

Zum schnelleren Erkennen, ob die Nahrung der einzelnen Taube aus menschlicher Sicht betrachtet schädlich oder gleichgültig war, wurden die »schädlichen Gebiete« rot unterlegt. Als schädlich wurden alle Getreidefunde bezeichnet, alle Gemüse-

Tabelle 9

Monat	Hack-früchte	Wild-kräuter	Tierisch	Mine-ralien	Gräser	Bäume	Gemüse	Getreide
Okt. 63	—	1	—	—	—	—	—	2
Nov. 63	—	—	—	—	—	—	—	—
Dez. 63	—	4	—	—	—	—	11	2
Jan. 64	—	—	—	—	—	—	3	—
Febr. 64	12	12	—	—	1	—	7	7
März 64	29	34	3	3	3	—	2	25
April 64	10	34	5	35	8	5	11	67
Mai 64	—	5	—	—	—	—	5	—
Juni 64	—	13	—	3	—	2	1	8
Juli 64	—	5	—	5	—	2	—	12
Aug. 64	—	4	—	—	1	—	6	22
Sept. 64	—	7	1	3	1	11	1	13
Okt. 64	—	10	1	7	1	21	3	11
Nov. 64	—	2	—	—	1	—	1	3
Dez. 64	—	2	—	1	—	—	5	1
Jan. 65	—	7	—	—	—	4	15	—
Febr. 65	12	28	—	—	—	2	29	7
März 65	2	12	—	4	3	—	2	13
April-drittel 65	—	5	—	—	1	—	—	5
Summe:	65	185	10	60	20	45	102	198

arten (außer Stoppelrübenblättern, Kartoffel- und Rübenbrei). Als schädlich rechnen auch die Funde von Kirschen, Erbsen und Rotklee, während Weißklee als gleichgültig gilt. Unschädlich sind auch Stücke von Grashalmen, schädlich dagegen das Aufnehmen von Raygrassamen. Als gleichgültig gilt auch das Äsen von Eicheln und Bucheckern.

Anhand der Tabelle konnte festgestellt werden, daß 228 Tauben gemischte, 122 Tauben einseitige Nahrung im Kropf hatten. Das bedeutet ein Verhältnis von etwa 2:1. Zehn Kröpfe waren leer. Entweder waren diese Tauben frühmorgens erlegt worden, oder der Kropf war beim Schuß aufgeplatzt.

Eine grobe Aufteilung auf die verschiedenen Äsungsgrundlagen zeigt zunächst Tabelle 9. Die Zahlen geben an, in wieviel Kröpfen sich die betreffende Nahrung befand.

Tabelle 10

Monat	leer	nützlich	schädlich	gemischt
Oktober 1963	—	—	1	1
November 1963	—	—	—	—
Dezember 1963	—	1	9	3
Januar 1964	—	3	—	—
Februar 1964	—	7	—	7
März 1964	—	12	5	23
April 1964	—	2	7	63
Mai 1964	—	3	3	2
Juni 1964	2	11	5	5
Juli 1964	1	—	4	8
August 1964	3	—	17	4
September 1964	—	6	5	8
Oktober 1964	3	16	1	11
November 1964	1	—	1	2
Dezember 1964	—	1	2	2
Januar 1965	—	13	1	4
Februar 1965	—	26	6	14
März 1965	—	—	6	13
Aprildrittel 1965	—	—	1	5
Summe:	10	101	74	175

Wenn bei Betrachtung der Endsummen bedacht wird, daß unter dem Begriff Wildkräuter 16 verschiedene Sorten erfaßt sind, und unter Gemüse 6 Sorten, während unter Getreide bis auf einen Fall nur Hafer, Weizen und Gerste zusammengefaßt wurden, dann wird erkenntlich, daß die Ringeltauben eine gewisse Abwechslung lieben. Sie sind nicht so einseitige Getreideliebhaber, wie manchmal angenommen wird.

Unter Berücksichtigung der eingangs dieses Kapitels geschilderten, verfeinerten Methode baut sich dann Tabelle 10 auf, aus welcher das Verhältnis von Nutzen (bzw. Bedeutungslosigkeit) und Schaden abgelesen werden kann.

Aus dieser Tabelle ergibt die Summe der beiden ersten Spalten die Zahl der nützlichen oder gleichgültigen Tauben mit 111 Stück. Die beiden hinteren Spalten ergeben zusammen die Zahl der ganz oder teilweise schädlichen Tauben mit 249 Stück. Das bedeutet, daß in der Berichtszeit von 360 Tauben 30,6 % unschädlich, 69,4 % dagegen schädlich waren.

Eine in den beiden Vorjahren von mir durchgeführte Untersuchung kam zu einem für die Tauben wesentlich ungünstigeren Resultat. Damals lag der Anteil der schädlichen Tauben bei 90 %. Bei einem Vergleich zeigt sich, daß die Ursache für diese Verschiebung in den Monaten Januar/Februar 1963 liegt. Während diese Monate in der jetzigen Untersuchungsreihe relativ wenig Schäden aufweisen, herrschten in den Katastrophenmonaten Januar/Februar 1963 so ungünstige klimatische Verhältnisse, daß die Tauben gezwungen waren, durch Aufnahme großer Mengen von Kohlpflanzen erhebliche Schäden anzurichten (Zeitschrift für Jagdwissenschaft 1965/3).

Verbreitung und Lebensraum

Die Ringeltaube bewohnt in 6 Rassen Europa und Asien sowie Nordafrika. Die Nominatform *Columba p. palumbus* L. kommt in Europa von Spanien bis zum Ural, von Skandinavien bis zu den Inseln des Mittelmeeres, im Kaukasus, Kleinasien bis zum Irak vor. Weiter westlich lebt auf den Azoren *C. p. azorica* HARTERT, auf Madeira *C. p. maderensis* TSCHUSI. Im Süden bewohnt *C. p. excelsa* BONAPARTE die Nordstaaten von Afrika. Im Osten schließen sich an *C. p. iranica* SARUDNY im Iran und Südtranskaspien, sowie *C. p. casiotis* BONAPARTE in Belutschistan, Afghanistan und dem Himalaja. Die in England brütende dunkle Form wurde von CLANCEY als *C. p. kleinschmidtii* beschrieben.

In unterschiedlicher Dichte bewohnt die Ringeltaube ganz Deutschland, nicht nur geschlossene Waldungen oder Feldgehölze, sondern auch die waldlosen Gebiete an der Nordseeküste. In den niedrigen Strauchbeständen von Norderney traf ich mehrere Brutpaare an. Überrascht war ich, daß ich bei ausgedehnten Wanderungen während 4 Sommerwochen 1968 im Hochschwarzwald trotz sorgfältiger Beobachtungen nicht mehr als zwei einzelne Ringeltauben feststellen konnte.

Eine zusätzliche Taubenpopulation bildete sich in den letzten Jahrzehnten in den Parken und Gärten unserer Städte. Die Stadtnester befinden sich meist in Bäumen zwischen 7 und 12 m Höhe, vereinzelt bis zu 20 m. Es werden nicht nur Bäume, sondern gelegentlich auch Hausnischen benutzt. Bodenbrut im Schilf konnte ebenfalls beobachtet werden.

Durch Gewöhnung an Menschen und Häuser wanderten die Tauben von den Waldrändern in die Städte ein. In meiner Vaterstadt Rheydt begann die Verstädterung der Ringeltauben im Jahre 1920. Aus Darmstadt werden die ersten Überwinterer schon 1802 gemeldet. Dagegen berichtet Nürnberg über eine Taubenverstädterung erst ab 1940. Die verstädterten Tauben sind in Westdeutschland zu Standvögeln geworden, denn die meisten sind am täglichen Aufenthalt und Verhalten wiederzuerkennen. Dagegen dürften die meisten Tauben aus freier Wildbahn etwa im Oktober die Reise nach Südfrankreich/Spanien antreten. Diese Ansicht begründe ich damit, daß langjährige Beobachtungen um diese Zeit herum ein deutliches Vakuum in den Beobachtungsgebieten ergaben, welches nach 2—4 Wochen durch zuziehende Überwinterer aus dem Nordosten überreichlich wieder aufgefüllt wird. Die Annahme, daß die Ringeltauben in Großbritannien ausschließlich Standtauben seien, läßt sich seit LACK's Feststellungen zu Beginn der 1950er Jahre nicht mehr aufrechterhalten.

Nicht so deutlich wie im Herbst läßt sich manchmal auch im Frühjahr ein gewisses Vakuum zwischen dem Abziehen der Überwinterer und der Rückkehr der Bruttauben beobachten.

Die Vergesellschaftung ziehender Ringeltauben mit Hohltauben habe ich mehrfach, seltener auch eine solche mit Dohlen, feststellen können. Zur Hauptzugzeit im Herbst lassen sich Zuggruppen von 100 bis 600, manchmal noch mehr Tauben unterscheiden. Dagegen scheinen die Tauben im Frühjahr mehr in kleineren Trupps von 15 bis 50 Stück heimzukehren.

Zum Abschluß dieses Kapitels noch einige Beispiele für die rapide Zunahme verstädterter Ringeltauben. Zählungen 1960 in Dortmund erbrachten eine Vermehrung gegenüber dem Vorjahr um rund 40 %. In den Parken von Wilhelmshaven wurde eine Brutdichte von 32—45 Nestern auf einen halben Quadratkilometer ermittelt. In verschiedenen Städten muß das Überhandnehmen der Wildtauben in der Form gebremst werden, daß ausgewählte Jäger in den frühmorgendlichen Stunden, wenn die Bevölkerung noch schläft, in den Parken die Tauben mit Kleinkaliberwaffen erlegen.

Balz, Brutpflege und Vermehrung

Bei mildem Winterwetter können in Einzelfällen schon Mitte Januar Anpaarungen und Balzflüge beobachtet werden. Gelegentliches Winterrufen wurde schon im Kapitel über die Stimmlaute erwähnt. Hierbei habe ich den Eindruck, daß das winterliche Rufen der Tauber im Stadtgebiet häufiger ist als in freier Wildbahn. Wenn die aus den Überwinterungsgebieten zurückziehenden Tauben in ihrem Brutgebiet eingetroffen sind, beginnen die Alttauben mit dem Rucksen. Damit wollen sie nicht nur ihr Gebiet abgrenzen, sondern auch den Weibchen imponieren. Die Weibchen verhalten sich zunächst noch ablehnend, dagegen brechen zwischen den Männchen manchmal heftige Kämpfe aus, bei denen die Federn stieben.

Ein weiteres Imponierverhalten ist der Balzflug der Männchen. Aus dem Wipfel eines Baumes schwingt sich der Tauber in die Höhe, geht im Gleitflug ein Stück nach unten und steigt dann wieder in die Höhe, so daß ein richtiger Wellenflug entsteht. Auf dem Kulminationspunkt werden manchmal die Schwingen über dem Rücken klatschend zusammengeschlagen. Während HEINROTH dieses Flügelklatschen als »recht selten einmal« bezeichnet, möchte ich aufgrund meiner zahlreichen Beobachtungen mich der Auffassung von NIETHAMMER anschließen, welcher das Klatschen als »oft« vorkommend bezeichnet. Je stärker die Siedlungsdichte ist, um so häufiger dürfte der Balzflug zu beobachten sein. Wiederholt stellte ich fest, daß zwei Tauber gleichzeitig zum Balzflug starteten, um nur *einem* zuschauenden Weibchen zu imponieren. Wenn es im neueren Schrifttum heißt, dieser Balzflug werde von den Jägern als »Himmeln« bezeichnet, so kann es sich hier nur um eine lokale, auf jeden Fall aber unrichtige Redensart handeln. Das »Himmeln« ist in Wirklichkeit das Reagieren (Zeichnen) getroffenen Flugwildes auf einen bestimmten Treffer. Wenn die Lunge getroffen wird, flattert der Vogel mit hastigen Flügelschlägen nach einer gradlinigen Flugstrecke plötzlich steil in die Höhe, manchmal bis zu 60 m hoch, um auf dem höchsten Punkt kurz zu »rütteln« und dann zu Boden zu stürzen. Diesen Vorgang beobachtete ich häufig nach Schrotschüssen auf Fasan, Rebhuhn, Ringeltaube und Waldschnepfe. Ein gleiches Himmeln bemerkte ich, wenn auch nicht solche Höhen erreichend, nach Kleinkaliber-Lungenschüssen bei Krähen und Tauben.

Ausnahmsweise kann auch eine »Bodenbalz« vorkommen, wie ich sie einmal in der Eifel beobachten konnte. Dort balzte an einem Augustmorgen ein Ringeltauber vor seiner Täubin auf einem Stoppelfeld. Ein anderer Tauber strich herzu und wurde vom »Platztauber« in einen heftigen Kampf verwickelt. Der Angriff eines Habichts (s. Seite 101) beendete die ungewöhnliche Beobachtung.

Als Vorstufe zur Eheschließung dürfte das »Zum-Nest-Rufen« betrachtet werden. Der Tauber sitzt in der Nähe eines Weibchens auf einem alten Nest — es kann auch ein altes Drosselnest oder sonst ein zum Nestbau geeigneter Platz sein — und stößt ein nur aus der Nähe hörbares, gurrendes Gemurmel aus. Die Behauptung, die Ehe wäre dann endgültig geschlossen, wenn das Weibchen sich vom Männchen nach Art der Jungenkröpfung mit tief in den Hals des Partners gestecktem Schnabel füttern ließe, fand ich nicht bestätigt.

Wenn die Rivalen abgeschlagen sind, beginnt die erste Kontaktnahme durch »In-die-Augen-Schauen«. Beide Tauben sitzen einander Brust gegen Brust gegenüber, haben den Hals zurückgebogen und schauen sich minutenlang an. Mit gesenktem und gefächertem Stoß treibt dann unter »Treibrufen« der Tauber die Täubin, indem er sie meist hüpfend verfolgt. Mehrmals versucht er die Kopulation, doch das Weibchen schüttelt ihn ab. Sobald das Männchen ruhiger wird, zeigt sich das Weibchen aktiver. Anhaltendes Flügelpicken und Schnäbeln leiten dann die Kopulation ein, die auf einem Nest oder in der Nähe eines solchen erfolgt.

Ein ungewöhnliches Erlebnis hatte ich Ende Juni, als die Behörde wegen der hohen Schäden die Schonzeit für Ringeltauben aufgehoben hatte und auf verstärkten Abschuß drängte. In den Ästen einer Eiche flatterten zwei Tauben hintereinander her. Nachdem die beiden dann offenbar den Tretakt vollzogen hatten und halsfedernpickend nebeneinander saßen, holte ich sie mit einem Schuß herunter. Ich war fest überzeugt, ein Paar erlegt zu haben. Um so größer war meine Überraschung, als ich bei der Sektion feststellen mußte, daß beide Vögel legereife Eier innehatten. Offenbar gibt es auch im Tierreich hin und wieder lesbische Anwandlungen — vielleicht vergleichbar mit dem häufiger zu beobachtenden Verhalten von Kühen auf der Weide.

Am Nestbau sind beide Ehepartner beteiligt Die Taubennester stehen in 0 bis 20 m Höhe über dem Boden. Nicht selten werden keine eigenen Nester erbaut, sondern alte Nester von Krähen, Hähern oder Elsternester, die ihre Haube verloren haben, benutzt. Ebenso dienen Eichhornkobel als Unterlage, wobei oben auf dem Dach eine Mulde geschaffen wird. Auch Greifvogelhorste werden angenommen. Das Nistmaterial wird entweder gesammelt oder gerupft bzw. abgeknickt. Es besteht aus dünnen Zweigen, Halmen, trockenen Wurzeln oder Schilfblättern. Beide Partner tragen das Material zusammen, doch die Täubin ist der eigentliche Baumeister. Im Gegensatz zu anderen Taubenarten, die nur jeweils ein Einzelteil Nistmaterial heranbringen, tragen Ringeltauben drei bis fünf Teile heran, wie ich eindeutig beobachten konnte. Das Nest der Ringeltaube ist äußerst liederlich erbaut. Häufig schimmern die Eier unten durch den Boden hindurch. Sind die Nestbauer mit ihrem Werk zufrieden, sitzen sie oft an mehreren aufeinander folgenden Tagen stundenlang nebeneinander auf dem Nest. Hierfür wurde der Begriff »Nestwärmen« geschaffen. Zwischendurch können minutenlanges gegenseitiges Knabbern im Halsgefieder und Kopulation beobachtet werden.

Ringeltaubeneier im März sind eine große Seltenheit und dürften von Tauben stammen, die im Herbst nicht fortgezogen sind. Der normale Beginn des Eierlegens fällt in die zweite Aprildekade.

Nach NIETHAMMER (Handbuch 1942) erfolgt die Eiablage hauptsächlich ab Mai. Nur eine kleinere Anzahl von Paaren hat vorher schon mit der Brut begonnen (sicherlich ältere Vögel). Einige Gelege im zweiten Aprildrittel fallen bei einer Brutzeit von $15^{1}/_{2}$ bis 17 Tagen (HEINROTH) frühestens Anfang Mai aus.

Ebenso wie es ungewöhnlich frühe Gelege gibt, beobachtete ich auch besonders späte. Vereinzelt traf ich halbflügge Tauben noch im Oktober. Ganz ungewöhnlich war eine Beobachtung von Ästlingen, welche am 9. November noch von den Altvögeln gefüttert wurden. Das Nest stand in einer hohen Pappel im Stadtgebiet von Rheydt (Niederrhein).

Auf das erste Ei folgt nach ein bis zwei Tagen das zweite. Drei Eier sind äußerst selten. Da die Jungtauben erst nach etwa 12 Monaten geschlechtsreif werden, verpaaren sich die Abkömmlinge zweiter oder dritter Bruten des Vorjahres erst im späten Frühjahr und beginnen entsprechend später mit der Eiablage. Es kann damit gerechnet werden, daß diese Jungtauben zwei, die Alttauben dagegen bis zu drei Bruten im Jahre zeitigen. Vier Bruten konnte ich nur in Ausnahmefällen beobachten. Häufig wird das Nest der ersten Brut auch für weitere Bruten benutzt. Es kommen aber auch Verschachtelungen in der Weise vor, daß der Tauber die Jungen der ersten Brut noch füttert, während das Weibchen auf einem anderen, in der Nähe befindlichen Nest schon mit der zweiten Brut beginnt.

Die Eier der Ringeltaube sind weiß und von ovaler Form. Die Durchschnittsmaße liegen bei 29 × 40 mm. NIETHAMMER erwähnt Maximalextreme von 28,6 × 47,1 und 32,2 × 45,6 mm. Es kommen auch Zwergeier vor, bei denen der Dotter fehlt. Die Gewichtsangaben für Normaleier schwanken zwischen 17 und 20 g. Die Eierschale wiegt 1,3 g, die frischgeschlüpften Jungen 14 g. Nach zehn Tagen hat sich ihr Gewicht bereits auf 165 g erhöht.

Beide Partner brüten abwechselnd. An einem mehrjährig benutzten Nest wurde beobachtet, daß der Partnerwechsel vormittags gegen 11 Uhr und nachmittags gegen 17 Uhr erfolgte. Da nach Ansicht von Haustaubenzüchtern die Täubin stets während der ganzen Nacht brütend auf dem Nest sitzt, kann unterstellt werden, daß es bei der Ringeltaube ebenso ist. Aus den beobachteten Ablösungsterminen ist daher zu folgern, daß die Täubin wesentlich länger je Tag brütet als der Tauber.

Die Brutdauer beträgt 15½ bis 17 Tage. Die Dunenjungen sind 8 bis 10 Tage blind. Ihre Schnäbel wirken klobig. 5 bis 7 Tage lang werden sie ausschließlich mit Kropfmilch geatzt (s. Seite 76), dann wird anderes Futter beigemischt. Gefüttert wird von beiden Eltern gewöhnlich dreimal am Tag. Nach 14 Tagen brechen die Schwung- und Stoßfedern durch. Der weiße Flügelbug ist um diese Zeit bereits sichtbar. Nach dieser Zeit werden die Jungtauben nicht mehr gehudert und auch nachts nicht mehr gedeckt. Wenn ich sie um diese Zeit im Nest berühren wollte, setzten sie sich mit lautem Schnabelknappen zur Wehr. Die Nestlingsdauer beläuft sich auf etwa 4 Wochen. Es folgt eine weitere Woche als Ästlinge, und nach 35 Tagen sind die Jungtauben voll flugfähig. Sie werden dann von den beiden Altvögeln noch einige Tage zur Nahrungssuche begleitet und ziehen sich dann zu Jugendschwärmen zusammen.

Einmal konnte ich im Sommer beobachten, wie ein Paar Alttauben seinem Jungen etwas wie Flugunterricht erteilte. Zwischen den Altbuchen eines Parkes flatterten mehrere Tauben hin und her. Nach genauerem Beobachten erkannte ich, daß die Alttauben dem Jungvogel »zeigten«, wie weit er von einem Ast zum anderen flattern müsse. Folgte das Jungtier nicht sofort dem ersten Elternteil, dann machte der andere dasselbe Manöver vor. Kritisch wurde dieser Unterricht, als eine Alt-

Ringeltaubenpaar

Oben ein dunkles der hellen, unten ein Durchschnittsexemplar der dunklen Form

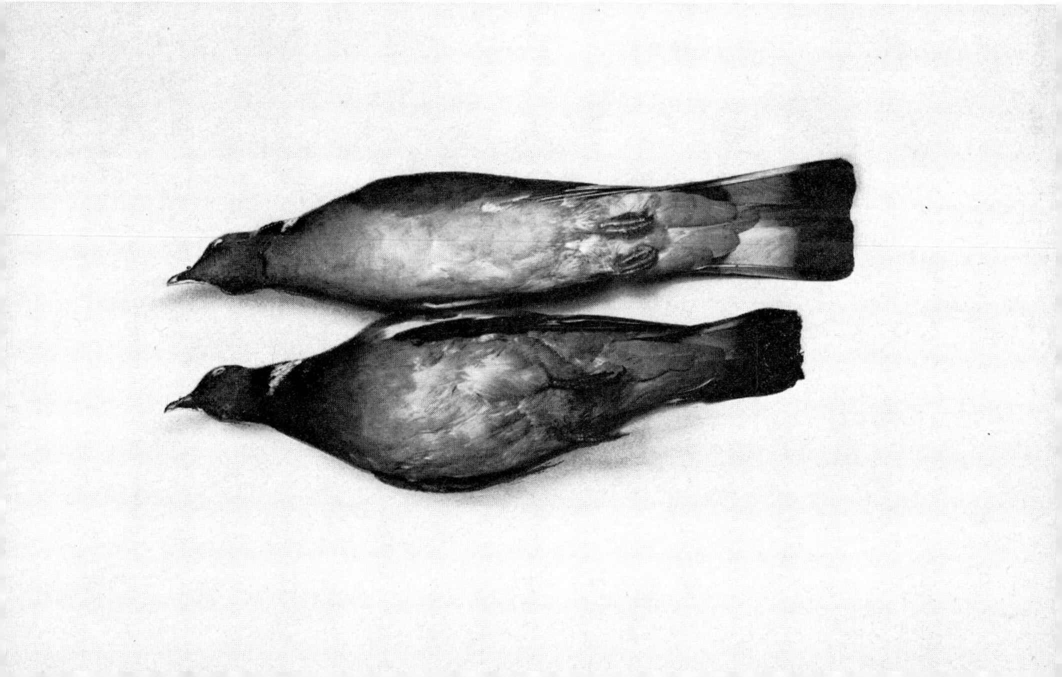

taube aus einer Buche auf den Dachfirst des Hauses strich. Zwar folgte die Jungtaube, erreichte aber den First nicht ganz, kam auf den glatten Dachziegeln ins
Rutschen und landete flatternd in der Dachrinne. Schon strich ein Altvogel hinzu,
setzte sich neben das Junge und flog nach einer Pause auf einen niedrigen Buchen-
ast zu, wohin das Junge folgte, um von dort aus langsam von Ast zu Ast wieder
an Höhe zu gewinnen.

Nach schwedischen Erfahrungen streichen Jungtauben auf Frühsommerzug umher. Für Westdeutschland besonders deutlich zeigte sich dies im September 1963.
Damals war die Zahl der Tauben in meinem Revier verhältnismäßig klein. Wir
schätzten sie auf 40 bis 60. Plötzlich bevölkerte ein geschlossener Schwarm von
ca. 50 Stück die Büsche. Diese Tauben waren ungewöhnlich vertraut. Sie ließen
die Menschen auf 10—15 m herankommen und flatterten dann kaum 50 m weiter.
So vertraut waren unsere heimischen Jungtauben nie gewesen. Daß es sich um
Jungtauben handelte, bewies das Fehlen der Silberflecken am Halse eindeutig.
Nach 14 Tagen war der Taubenschwarm wieder verschwunden. Ich vermutete
damals einen Durchzug von Jungtauben aus menschenleeren Gebieten des Nordens
oder Ostens.

Bei Annäherung einer Gefahr verhalten sich Alttauben manchmal so, wie wir es
auch von anderen Vogelarten kennen — sie stellen sich flügellahm. Sie versuchen
dadurch den Feind auf sich zu ziehen und von den Jungen abzulenken (Verleiten).
Erst wenn der Feind bis zu 100 m fortgelockt ist, streicht die »Flügellahme« gesund ab. Bei höherstehenden Nestern wurde beobachtet, daß der Altvogel wie
flügellahm von Ast zu Ast nach unten flatterte und dann auf dem Boden weiter-
trippelte.

Um uns ein Bild über die ungefähre Vermehrung zu machen, nehmen wir für
Alttauben 6, für Jungtauben 4 Eier pro Jahr, im Durchschnitt etwa 5 Eier an.
Rund 30 % der Eier gehen bereits als solche zugrunde. Sie werden entweder durch
Klimaschwankungen abgetötet, vom Sturm aus den schwankenden Nestern geschleudert oder durch Raubwild geplündert. Nach dem Schlüpfen der Jungvögel
kommen für die Nestlings- und Ästlingszeit zahlreiche weitere Ausfallmöglich-
keiten hinzu, vor allem durch Raubwild bzw. Raubzeug sowie durch naßkalte
Witterung. Unter den Krankheiten kann die Ornithose bis zu 50 % Ausfall ver-
ursachen. Auch der Tod eines Elternteiles ist für die Jungvögel meist tödlich. Unter
Berücksichtigung aller Verlustfaktoren ergibt sich theoretisch eine Zuwachsrate von
etwa 1,35 Jungtauben je Elternpaar.

Diese Annahme soll im folgenden näher überprüft werden. Wie lange dauert überhaupt die Entwicklung eines am 1. Mai gelegten Eies bis zur Vollendung der ersten Handschwingenmauser? — Meine Mauserstufen-Untersuchungen (s. Seite 12) erstrecken sich inzwischen auf rund 3 000 Tauben. Nach den Durchschnittswerten daraus wurden die folgenden Daten festgelegt:

1. Mai	erstes Ei	14. August	HS	4
3.	zweites Ei	29.	HS	5
19.	Junge schlüpfen	13. September	HS	6
23. Juni	Junge sind flügge	29.	HS	7
30.	Handschwinge (HS) 1	13. Oktober	HS	9
	wird geworfen	28.	HS	10
15. Juli	HS 2	27. November	Handschwingenmauser	
30.	HS 3		beendet	

Danach ist kein Unterschied zwischen den Handschwingen von Jung- und Alttauben mehr erkennbar.

Tabelle 11 über die Altersgliederung der Strecken der Jahre 1969 bis 1971 zeigt, daß ein Taubenzuwachs aus Eiern von Anfang Mai in der Praxis nicht vorhanden ist. Bei den 6 im Monat Juni verzeichneten Jungtauben handelt es sich nämlich eindeutig um ganz spät geschlüpfte Tauben des Vorjahres, die die erste HS-Mauser noch nicht vollendet hatten. Erst Ende Juli treten Jungtauben der Mauserstufe 0 auf, welche also etwa Anfang Juni geschlüpft sein dürften. Interessant ist an dieser Tabelle ferner, daß in jedem Monat des Jahres Jungtauben anzutreffen sind.

Als Berechnungsgrundlage für die Vermehrung kann der Jahresdurchschnitt jedoch nicht zugrunde gelegt werden (das ergäbe einen Nachwuchs von nur 30 Jungen auf 35 Paare). Es müssen andere Überlegungen angestellt werden. In den Monaten Juni bis einschließlich September ist die Anzahl der Jungtauben so niedrig, weil offenbar nur wenig Frühbruten hochkommen. Ab Oktober steigt der Anteil der Jungtauben an der Jagdstrecke. Der 1. Oktober dürfte also der richtige Beginn für die Berechnung sein. Diese Zeitspanne endet im Dezember, weil dann die ersten Jungtauben ihre Handschwingenmauser vollendet haben und damit zu den Alttauben rechnen. Von Oktober bis einschließlich Dezember stehen in der Tabelle 11 82 Alttauben 64 Jungtauben gegenüber. Das entspricht einem Zuwachs von 1,57 Jungen je Paar. (Gegenüber der theoretischen Annahme von 1,35 immerhin 16 %/o mehr.)

Tabelle 11

Monat (1969—1971)	Alttauben	Jungtauben	Summe	Anteil der Jungtauben in %
Juni	44	6	50	12,0
Juli	30	5	35	14,3
August	20	5	25	20,0
September	16	4	20	20,0
Oktober	49	22	71	31,0
November	19	34	53	64,2
Dezember	14	8	22	36,4
Januar	63	46	109	42,2
Februar	52	46	98	46,9
März	185	67	252	26,6
April	258	77	335	23,0
Mai	83	24	107	22,4
Summe:	833	344	1177	29,2

Interessant ist, daß sich bei Hinzunahme der Monate Januar und Februar ebenfalls ein Zuwachs von 1,57 je Paar ergibt. Das deutet auf einen völligen Mauserstopp in dieser Zeit.

In Verstädterungsgebieten dürften infolge der geringeren Zahl von Feinden die Ausfälle an Jungtauben geringer sein. Meine schon in früheren Jahren durchgeführten Zählungen ergaben dort einen Zuwachs von 2 Jungen je Paar. Andere Zählungen in einigen Städten ermittelten einen jährlichen Zuwachs der Brutpaare bis zu 40 %.

Taubenjagd

Nachdem die tiefgreifenden Änderungen oder Zerstörungen der Lebensräume unseres Wildes zum Rückgang oder gar Verschwinden mancher Arten geführt haben, ist es eine Freude für jeden Jäger und Naturfreund, daß es auch Wildarten gibt, die sich so vermehren, daß die Jagd verstärkt werden kann. Zu dem Wild, das nach Ende des Zweiten Weltkrieges in reichlichem Maße zunahm, zählt vor allem auch die Ringeltaube. Zunächst war es das Land Nordrhein-Westfalen, das eine starke Vermehrung der Ringeltauben feststellte und schließlich beklagte. Es folgten Rheinland-Pfalz und Niedersachsen. Während aber die Landwirte klagten, freuten sich die Jäger; denn die Jagd auf diesen wohlschmeckenden Vogel ist so mannigfaltig und spannend, daß sie Ersatz bieten kann für manchen entschwundenen Genuß.

Der Schuß auf die Ringeltaube

Die Ringeltaube wird überwiegend mit Schrot geschossen. Es empfiehlt sich, den rechten Lauf mit $2^1/_2$-mm-Schrot (Nr. 7) zu laden, den linken Lauf mit 3-mm-Schrot (Nr. 5). Mit Nr. 7 beschießen wir die spitz von vorne sitzende Taube. Die ganze Brust mit allen lebenswichtigen Organen liegt dann vollkommen frei und den Schroten zugänglich vor uns. Der Schuß auf die breit vor uns sitzende Taube erfordert schon — wenn nicht sehr nahe — Schrot Nr. 5. Die harten Schwungfedern halten sonst sehr viel von der Schrotwirkung ab, und da eine Taube verhältnismäßig viel Schrot vertragen kann, streicht sie mit Schüssen auf die Breitseite oft noch weiter fort. Verlieren wir sie im Walde dabei aus den Augen, ist es empfehlenswert, besonders darauf zu lauschen, aus welcher Richtung wir das dumpfe Aufschlagen auf den Boden vernehmen. Eine Nachsuche in der beobachteten Richtung allein genügt nicht, da die kranke Taube vor dem Absturz (oder Einfallen auf Ästen) häufig noch einen weiten Bogen beschreibt.

Bei der streichenden Taube ist es nicht so wichtig, in welchem Winkel sie beschossen wird. Dagegen ist der Schuß auf eine sitzende Taube spitz von hinten ausgesprochen übel. Stoß und Rücken täuschen zwar ein größeres Ziel vor, doch ist das wirksam zu treffende Ziel in Wirklichkeit sehr klein. Vor allem, wenn die Taube sich auf einen dicken Ast niederhockt, schützt das Holz nahezu den ganzen Körper. Nur oberhalb des Weidlochs können einzelne Schrote eindringen. Sie richten in den Gedärmen tödliche Verletzungen an, dringen aber nicht bis in den Brustraum vor. Die weidwund getroffene Taube streicht ab und kann noch stunden-, u. U. tagelang leben und leiden.

Außer mit Schrot kann die Ringeltaube auch mit Kleinkaliber bejagt werden. Wirkungssicherer als die Patrone .22 long rifle ist die .22 Magnum. Dabei ist — trotz gelegentlich größerer Entwertung des Wildprets — das Teilmantel- dem Vollmantelgeschoß vorzuziehen, weil Tauben mit glatten Durchschüssen sonst noch über weite Strecken abzustreichen vermögen. Zu warnen ist beim Kugelschuß — vor allem auf erhöht sitzende Ziele — in jedem Fall vor der Gefährdung des Hintergeländes. Die erwähnten Kleinkaliberpatronen können noch in 2—3 km Entfernung lebensgefährliches Unheil anrichten, so daß man sich in dichter besiedelten Revieren besser von vornherein auf den Schrotschuß beschränken sollte.

Ansitzjagd

Von allen Jagdarten auf die Ringeltaube ist die Ansitzjagd die einfachste, aber auch aussichtsreichste, zumal sie praktisch zu allen Jahreszeiten ausgeübt werden kann. Wie bei allen anderen Jagdarten ist es natürlich auch hier notwendig, daß der Jäger sein Revier und die Eigenarten des Wildes kennt. Von besonderer Bedeutung ist es zu wissen, daß die Taube bei Wind gegen die Windrichtung einfällt. Das heißt allerdings nicht, daß sie schon von weither gegen den Wind gestrichen kommt. Manchmal macht sie erst beim Einfallen im letzten Augenblick einen Schwenker gegen den Wind. Da, wie bereits ausgeführt, der Schuß auf die sitzende Taube spitz von vorne weitaus der sicherste ist, setzt der Schütze sich also so vor den Fallbäumen an, daß ihm der Wind in den Nacken bläst. Dadurch erreicht er, daß die Tauben mit der Brust zum Jäger hin einfallen. Die Beachtung des Windes erfolgt also genau umgekehrt als beispielsweise beim Ansitz auf den Rehbock.

Die Fallbäume, auf denen die Tauben mit Vorliebe einfallen, kann der Jäger allerdings nicht in wenigen Tagen kennen lernen, zumal diese Bäume je nach Jahreszeit und Witterung sehr verschieden sind. Hohe Überhälter über niederem Buschholz sind besonders beliebt. Bei warmer Frühlingssonne fallen die Tauben gerne auf Randbäumen ein, lassen sich die Sonne aufs Gefieder scheinen und sitzen oft schon mittags dort, um erst gegen Abend zu Feld zu streichen, wenn die säenden Bauern ihre Arbeit beenden. In Nadelholzgebieten werden hohe Fichtenstreifen vor geschlossenen größeren Waldungen bevorzugt.

Beim Abendeinfall machen sich Witterungseinflüsse besonders bemerkbar. Es ist keineswegs so, daß kahle hohe Eichen oder Buchen gemieden würden, wenn Nadelholz in der Nähe anzutreffen ist. Zahlreiche Tauben übernachten auch im kahlen Geäst — bei schönem Wetter in den hohen Zweigen, bei schlechterem Wetter in niedrigerem Birkengestrüpp. Bei scharfem Wind und Frost werden die kahlen Bäume allerdings nachts gemieden. Die Tauben fallen dann lieber in geschützten Nadelholzbeständen ein.

Sind die wichtigsten Fallbäume einmal bekannt, dann empfiehlt es sich, etwa 25 m vom Stamm entfernt in den Hauptwindrichtungen unauffällige Schirme zu errichten. Diese sollen den Jäger jedoch nicht gegen Sicht vom Boden her, sondern aus der Höhe schützen. Ginsterreisig oder das Gewirr der Waldrebe, in die Zweige des Unterholzes geschoben, gibt genügend Deckung sowie andererseits Beobachtungs- und Schußmöglichkeit. Auch von der Ringeltaube heißt es, wie vom Birkhahn, sie habe »auf jeder Feder ein Auge«. Deckung ist daher notwendig.

Bei Schneelage ist die Verwendung eines Schneehemdes sehr angebracht. Allerdings muß es sich nicht um ein nur bis übers Gesäß reichendes Hemd mit flatternden Schößen handeln, sondern um einen nach Art der Monteuranzüge von den Füßen bis zum Kopf reichenden Overall. Eine bequem über den Jagdhut zu streifende Kapuze ist angeschnitten. Die Hosenbeine müssen auch über die Stiefel gezogen werden können. Über allen Anzugtaschen befinden sich im Schneehemd durch Klappen geschützte Durchgreifschlitze. Ein solches Hemd gewährt nicht nur ausgezeichnete Tarnung, sondern schützt auch prächtig gegen Wind und Kälte.

Zur Ansitzjagd gehört auch der Ansitz an Tränke und Äsungsplätzen. Nach langer Trockenheit ist der Ansitz an festgestellten Tränken morgens bei Sonnenaufgang, kurz vor Mittag und auch gegen Abend erfolgversprechend. Flache Uferstellen, möglichst durch Gestrüpp geschützt, sowohl an Bächen wie Tümpeln werden von den Tauben aufgesucht. Nach starkem Regen kommen nur wenige Tauben, da sie in Pfützen und Karrengleisen überall ihren Durst stillen können.

In meiner Jugendzeit war es ein Vergnügen, auf abgeernteten Getreide-, vor allem Gerstenschlägen, auf die zur Äsung streichenden Tauben anzusitzen. Ein sicherer Schirm wurde aus Garben erbaut. Heute, im Zeitalter des Mähdreschers, ist es mit dem Ansitz im Felde nicht mehr weit her. Dagegen ist es eine Freude, in Waldungen mit reicher Eichel- oder Bucheckernmast anzusitzen. Ebenso eifrig werden im Feld stehende Kirschbäume zur Reifezeit von Tauben angenommen. Bei höherer Schneelage konzentrieren sich die Taubenschwärme auf die ihnen noch erreichbaren Kohlfelder, insbesondere Rosenkohl. Ansitz in geeigneter Deckung bringt oft reichen Erfolg.

Als in den 1950er Jahren die Taubenschäden in den niederrheinischen Gemüseanbaugebieten unerträglich wurden, überlegte ich mir eine Jagdmethode, die die Taubenstrecken um ein Mehrfaches erhöhen konnte. Nach längeren Versuchen gab ich die Erfolge bekannt. Nunmehr wird behördlicherseits diese Methode sozusagen vorgeschrieben. In Stichworten handelt es sich um folgendes: Der Revierinhaber alarmiert alle Jagdfreunde und Jungjäger. Mit diesen besetzt er nachmittags sämtliche erfolgversprechenden Fallbäume bzw. Gehölze in seinem Revier.

Alle Nachbarn, mindestens auf Ebene des Hegeringes, machen dasselbe an bestimmten Tagen, beispielsweise an jedem Wochenende im Monat März ab 17 Uhr. Überall, wo die Tauben einfallen, bekommen sie Feuer, streichen zum nächsten Wald, werden abermals beschossen usf. Bis zum Einbruch der Dunkelheit knallt es überall, und die Strecken sind gut.

Drücken und Treiben

Da die Ansitzjagd in Nadelgehölzen wegen der Sichtbehinderung schwierig ist, lohnt es sich, hier die Methode des Drückens anzuwenden. Je nach Breite des Waldstreifens gehen ein oder zwei Treiber durch. Zwei Schützen besetzen auf der Stirnseite des Treibens die beiden Ecken, und zwei weitere Jäger flankieren etwa 20 m vor den Treibern. Für den gewandten Schützen bedeutet diese Jagdart mehr Freude als der Schuß auf die sitzende Taube bei der Ansitzjagd. Die drei Stunden vor Sonnenuntergang sind für die Drückjagd besonders geeignet.

Zur »Treibjagd« auf Tauben wird zunächst verfahren wie bei der »verschärften Ansitzjagd«. Alle Stände werden besetzt. Dann fährt ein »Treiber« mit Motorrad oder Kleinauto kreuz und quer durch die Felder und scheucht die dort zur Äsung eingefallenen Tauben immer wieder hoch. Schon bald werden diese dann zu den Fallbäumen streichen, wo sie beschossen werden. Diese Methode ist ebenso wie die verschärfte Ansitzjagd nur dort zu rechtfertigen, wo ernsthafte Schäden auftreten. Sie hat gegenüber dem Ansitz den Vorteil, daß beim Treiben den ganzen Tag über gejagt werden kann und nicht erst der Abendeinfall abgewartet werden muß.

Balzjagd

Gewiß ruft ein einzelner Tauber auch einmal bei warmer Wintersonne. Die eigentliche Balzzeit beginnt bei uns jedoch erst im März, steigert sich bis zum Mai und hält dann, wenn auch in geringerem Umfange, bis zum Herbst an. Zwei Methoden sind zu unterscheiden — das Anlocken und das Anspringen. Durch Nachahmen des Balzrufes mit künstlicher Locke, mit dem Kehlkopf oder auf der hohlen Doppelfaust, bewegt der Jäger den Tauber zum Zustehen. Der »Platztauber« glaubt, daß ein fremder Rivale in sein Revier eingedrungen sei. Häufig wird der eifersüchtige Tauber jedoch nicht heranstreichen, vor allem dann nicht, wenn er in der Nähe der Täubin sitzt. Dann beginnt für den Jäger die oft geschilderte Kunst des Anspringens. Während des Gurrens ist der Tauber unaufmerksam, wenngleich nicht »taub und blind« wie der schleifende Auerhahn. Der Jäger geht während des Balzrufs mit langen Schritten den Tauber an. Beim einsilbigen Schlußruf des Tauberliedes muß er bereits unbeweglich in Deckung stehen. Im Nadelwald ist das Anspringen verhältnismäßig leicht. Schwierig ist es jedoch, den Tauber dann so auszumachen, daß auch geschossen werden kann. Leicht läßt sich der Jäger durch die Tatsache täuschen, daß der Tauberruf beim Anspringen zunächst ständig lauter, in der Nähe aber plötzlich wieder leiser wird. Im kahlen Laubwald einen rucksenden Tauber eilig anspringen zu wollen, ist praktisch aussichtslos. Da hilft dem Waidmann nur die Pirsch.

Pirsch

Eine Taube im kahlen Laubwald anzupirschen — gleichgültig ob sie balzt oder nicht —, ist eine Kunst, die erlernt sein will. In vieljähriger Übung habe ich es so weit gebracht, daß im Durchschnitt von fünf Pirschen drei erfolgreich verlaufen. Bei dunstigem Wetter und bei starkem Wind sind die Chancen größer, da beides die Geräusche des Anpirschens verschluckt bzw. übertönt. Auch das Sehvermögen der Taube dürfte leiden, während der Jäger sich durch das Fernglas Vorteile verschafft. Ich habe versucht, eine solche Taubenpirsch in Einzelbewegungen und Zeitabschnitte zu zerlegen. Wesentlichen Einfluß haben dabei natürlich die Bodenverhältnisse. Der Jäger muß, unter Berücksichtigung aller Deckungsmöglichkeiten, die Taube senkrecht anpirschen. Alle Seitenbewegungen sind von Übel. Dabei ist die Benutzung eines Stützstockes (Jagdstock) von besonderem Vorteil. Alle fünf Sekunden etwa schiebe ich ein Bein um Fußlänge vor, das sind also 30 cm. In diesem Tempo müssen oft 50 m und mehr zurückgelegt werden. Ist dann glücklich eine gute Schußentfernung erreicht, dann wird die Flinte im Zeitlupentempo erhoben. Sobald die Taube den Hals reckt und den Kopf hin und her dreht, hat jede Bewegung zu unterbleiben. Stürzt die getroffene Taube schließlich unter nachschwebenden Federchen zu Boden, dann dürfen Freude und berechtigter Stolz das Herz des Schützen erfüllen.

Locktauben

Als Locktauben werden ausgestopfte echte Tauben verwendet, doch werden solche schnell unansehnlich. Daher hat der Handel Tauben-Attrappen aus Holz und auch aus Gummi bzw. Kunststoff herausgebracht. Es ist eine bekannte Tatsache, daß dort, wo die erste Taube sitzt, gerne weitere einfallen. Solche Locktauben lassen sich daher bei der Balzjagd, dem Ansitz im kahlen Laubwald und auf mit Garben besetzten Getreideschlägen verwenden. Jeder Taubenjäger weiß, daß häufig vor dem Einfallen des Hauptschwarmes ein einzelner »Kundschafter« erscheint, längere Zeit kreist und schließlich einfällt, wenn er keine Gefahr entdeckt hat. Ich halte es dennoch für wenig angebracht, diesen Vorboten zu schonen und auf den Hauptschwarm zu warten. Nur ganz selten gelingt eine saubere Doublette, und mitten »in die Vollen« hineinzuhalten, das ist und bleibt Aasjägerei. Wer keine sicheren Fallbäume im Revier hat, dem sei die Verwendung von Locktauben empfohlen.

Für die Feldjagd werden zwei bis drei Locktauben auf Gerstengarben gesetzt. Für die interessantere Jagd beim Einfall kauft sich der Jäger eine Anzahl Bambusstöcke und läßt sie je nach Autogröße in Stangen von 2 oder 2,5 m Länge schneiden. Die Ansatzstellen werden durch 12—15 cm lange Messinghülsen, die leicht spannend über die Stockansätze geschoben werden, zusammengesteckt, so daß 10 bis 12 m hohe, im Gewicht noch gut handliche Stäbe entstehen. Auf die oberste Spitze wird mit einem Stift die Locktaube befestigt und das ganze so zwischen die kahlen Äste nach oben geschoben, daß es aussieht, als ob die Locktauben auf Ästen ruhen würden. — Es ist angebracht, die hellen Bambusstangen mit einer Tarnfarbe zu streichen.

Das Kapitel Taubenjagd kann nicht beendet werden, ohne zwei besondere Formen der Bejagung in den französischen Pyrenäen zu erwähnen. In dem Hügelland der baskischen Provinz gibt es große Eichenwälder. In diesen fallen Massen von Ringeltauben zur Zugzeit ein. Inmitten dieser Wälder sind an bevorzugten Stellen mächtige Kanzeln errichtet, die etwa ein Dutzend Jäger aufnehmen können. Die Kanzeln sind völlig geschlossen und weisen nur nach den vier Seiten hin ein Dutzend schmaler Schießscharten auf. Die Jäger beziehen ihren Sitz. Jeder führt an einem langen Bindfaden eine lebende Locktaube mit sich, die von der Kanzel aus durch die Scharten ins Freie gelassen werden und sich auf einem Ast niederlassen. Ab und zu zupft der Jäger an dem Faden, der um einen Ständer der Taube befestigt ist. Diese schlägt dann mit den Schwingen, um im Gleichgewicht zu bleiben. Diese Bewegung lockt die ziehenden Tauben besonders an und sie fallen rund um die Kanzel herum ein. Nun nimmt jeder Schütze eine Taube aufs Korn, und sobald alle Ziel gefaßt haben, fallen auf Kommando alle Schüsse, und aus dem Schwarm heraus sind mindestens ein Dutzend Tauben zur Strecke.

Ferner werden dort Ringeltauben in Netzen gefangen. Über die Breite einer Talsohle, durch welche erfahrungsgemäß die Ringeltauben gerne ziehen, werden

20—25 m hohe Netze geschickt getarnt gespannt. Da die Tauben jedoch höher streichen als die Netze gespannt werden können, bedient sich der Taubenjäger eines besonderen Tricks: Beiderseits der Talsohle postieren sich gut gedeckt zwei besonders kräftige, geschickte Männer. Zieht nun ein Taubenschwarm talaufwärts, dann werfen im richtigen Augenblick die beiden Posten einen Bumerang den Tauben hoch entgegen. Die erschreckten Vögel glauben dabei an den Angriff eines Habichts und gehen im Sturzflug herunter, um nah über dem Boden weiterzustreichen. Auf diese Weise geraten sie in die dort aufgespannten Netze.

Zu wissenschaftlichen Zwecken haben deutsche Forscher eine Methode entwickelt, die sich bei weiterer Erhöhung der Taubenschäden vielleicht auch zum Fang der Tauben verwenden ließe. An der Schmalseite eines Feldes, z. B. Rosenkohl im Winter, wird ein langes Netz sorgfältig so geschichtet, daß es leicht abgehoben werden kann. An dem obersten Ende des Netzes sind kleine Raketen angebracht und in die Feldlänge ausgerichtet. Sobald große Taubenmassen in das Kohlfeld eingefallen sind, werden die Raketen durch Fernzündung gelöst und ziehen das Netz über das Feld hinweg. Etwa im Feld mitgefangene Fasanen oder Rebhühner werden beim Einsammeln der Tauben, ohne Schaden genommen zu haben, in Freiheit gesetzt. Aus diesem Grunde ist der Netzfang den Betäubungs- und Vergiftungsaktionen unbedingt vorzuziehen.

Jagd- und Schonzeiten

Seit Jahrzehnten wogt der Widerstreit der Meinungen über die Jagd- und Schonzeiten der Ringeltaube hin und her. Die Extremforderungen lauten auf der einen Seite: »Völlige Schonung dieses reizenden und harmlosen Vogels, der schon seit biblischen Zeiten als Glücks- und Friedensbringer gilt!« Die andere Seite verlangt Aufhebung jeder Schonzeit im Hinblick auf die großen landwirtschaftlichen Schäden, welche jährlich allein in Nordrhein-Westfalen in die Millionen gehen. Beide Forderungen müssen abgelehnt werden.

Zwischen den angeführten Extremen spielt der Gesetzgeber eine recht schwierige, leider auch inkonsequente Rolle. Auf der einen Seite lehnt er jahrelange Wünsche der Jäger nach gerechter Schonzeit für Sauen (Wildschweine) unter Hinweis auf den landwirtschaftlichen Schaden ab, genehmigte aber im Jahre 1968 auf der anderen Seite den Wildtauben eine Verlängerung der Schonzeit um volle 6 Wochen — ohne Rücksicht auf die steigenden Schäden. Begründet wird diese Maßnahme mit der Tatsache, daß es im Juli/August noch nichtselbständige Jungtauben gäbe, die beim Abschuß der Eltern verhungern müßten. Logischerweise müßte dann aber auch der Abschuß von Sauen ganzjährig verboten werden, denn es gibt keinen Monat, in dem nicht schon kleine Frischlinge beobachtet wurden.

Demnach ist es Utopie, sinnvolle Jagdzeiten so festlegen zu wollen, daß Rücksicht auf alle Ausnahmeerscheinungen genommen wird. In Anbetracht der wirtschaftlichen Schäden war es unbedingt richtig, den Beginn der Schonzeit vom 16. April auf den 1. Mai zu verlegen, denn bei den im April noch kahlen Bäumen ist die Bejagung besonders aussichtsreich. Zwar habe ich Ende April schon manche Ringeltaubengelege beobachtet, aber in 5 Jahrzehnten noch keine ausgefallene Brut, die beim Abschuß eines Elternteiles eventuell verhungern würde. Daß andere Forscher einen Einzelfall früheren Ausschlüpfens beobachteten, kann nicht entscheidend für den Gesetzgeber sein.

Noch schwieriger ist die Frage des richtigen Zeitpunktes für die Beendigung der Schonzeit. In westdeutscher Literatur finde ich Angaben über Nestlinge am 19. 10. 1958 und 24. 10. 1962 und sah selber Ästlinge am 7. 11. 1963. Am 1. 10. 1949 fand ich einen aus dem Nest gefallenen Jungvogel. Alttauben beginnen mit der Brut um den 15. 4., Jungtauben etwa vier Wochen später. Für das Flüggewerden der ersten und zweiten Brut war Jagdbeginn am 16. Juli gewiß richtig, die Vorverlegung auf den 1. Juli nur im Hinblick auf die Schadensminderung zu vertreten. Die Verschiebung des Jagdzeitbeginns auf den 16. August — ganz im Gegensatz zu den Vorschlägen des Deutschen Jagdschutzverbandes — dürfte nur auf den Druck wirklichkeitsfremder Personen zurückzuführen sein, die damit dem Gedanken des Naturschutzes einen schlechten Dienst erwiesen. Andererseits sind die Jagdbehörden in dringenden Fällen berechtigt, die Schonzeiten für einen begrenzten Zeitraum aufzuheben.

Um sich der Plage verwilderter Haustauben und wilder Ringeltauben zu erwehren, griffen einzelne Landwirte heimlich zum Gift. In den besonders betroffenen holländischen Gemüseanbaugebieten fanden damit sogar mit behördlicher Unterstützung und Überwachung Großversuche statt, bei denen mehr als 1000 Tauben getötet wurden. Es ist fast als ein Glück zu bezeichnen, daß bei dieser Aktion auch zahlreiche Fasanen und Rebhühner sowie Mengen von Singvögeln zu Tode kamen, denn dies führte zur Einstellung der grausamen Versuche. Auch die bei Tauben wirksamen »Betäubungsmittel« können bei Kleinvögeln den Tod herbeiführen.

Tabelle 12: Streckenübersicht

Jagdjahr	Bundesrepublik (ohne Bayern)	Holland (lt. ITBON)	Nordrhein-Westfalen	Vergleich gegen 1952
1952/53	unbekannt	unbekannt	68 500	
1953/54	unbekannt	unbekannt	87 025	+ 27,1 %
1954/55	unbekannt	(139 683)	93 128	+ 36,0 %
1955/56	unbekannt	(148 038)	92 405	+ 34,9 %
1956/57	unbekannt	(98 488)	57 874	− 15,5 %
1957/58	103 621	(122 061)	74 651	+ 9,0 %
1958/59	144 027	(80 992)	74 840	+ 9,2 %
1959/60	150 895	(163 690)	83 622	+ 22,1 %
1960/61	175 131	(147 556)	80 816	+ 18,1 %
1961/62	251 325	(263 000)	113 102	+ 65,1 %
1962/63	305 004	(282 560)	154 109	+ 125,0 %
1963/64	229 150	nicht erfaßt	102 024	+ 48,9 %
1964/65	266 851	nicht erfaßt	119 857	+ 75,0 %
1965/66	238 884	nicht erfaßt	108 707	+ 58,7 %
1966/67	253 726	nicht erfaßt	118 988	+ 73,7 %
1967/68	286 205	nicht erfaßt	143 978	+ 110,0 %
1968/69	342 267	nicht erfaßt	205 100	+ 199,4 %
1969/70	421 727	nicht erfaßt	218 018	+ 218,3 %
1970/71	478 846	nicht erfaßt	282 831	+ 316,0 %
1971/72	473 697	nicht erfaßt	247 137	+ 263,4 %

(Vom Jagdjahr 1969/70 ab sind in dieser Aufstellung auch die Jahresstrecken von Bayern enthalten)

In England ist das Problem der Ringeltauben noch dringlicher als in Westdeutschland. Die Zahl der dort lebenden Tauben wird um elfmal höher geschätzt als bei uns. Allein in Bedfordshire richteten Ringeltauben in einem Jahre einen Schaden von rund 8 Millionen D-Mark an. Entsprechend intensiv ist die Bejagung. Den derzeitigen Rekord hält K. RANSFORD mit 561 an einem Tage — innerhalb von 5 Stunden — erlegten Ringeltauben. An zweiter Stelle folgt Major A. COATS mit einer Tageshöchststrecke von 550 Tauben, mit einem Jahresdurchschnitt von 20 000 und einer bisherigen Lebensstrecke von über 300 000 Tauben.

Tabelle 12 zeigt, wie sehr trotz gewisser Schwankungen die Taubenstrecken in Westdeutschland sowie den benachbarten, gebietsmäßig sehr viel kleineren Niederlanden anstiegen. Die letzte Spalte weist die prozentualen Verschiebungen in Nordrhein-Westfalen gegenüber dem Jagdjahr 1952/53 aus — also dem ersten

Jahre, in dem die deutschen Jäger wieder frei die Jagd ausüben durften.

Nicht uninteressant ist es, das Verhältnis der Jahresstrecken zwischen NRW und dem Bundesgebiet (außer dem keine Statistik führenden Bayern) zu vergleichen. 1957/58 betrug der Anteil von NRW an der Bundesstrecke 72,2 %, 1966/67 nur noch 46,9 %. Hieraus kann gefolgert werden, daß in der Bundesrepublik die verstärkte Bejagung erst später einsetzte, oder — was wahrscheinlicher sein dürfte — daß die zunächst bevorzugt am Niederrhein überwinternden Tauben inzwischen ihre Winterquartiere auf weitere Teile der Bundesrepublik ausgedehnt haben.

In Bundesdeutschland wird der Besatz an Ringeltauben zum Frühjahr 1968 auf 500 000 Stück geschätzt, das bedeutet also rund 250 000 Paare. Da im Durchschnitt pro Paar ein Zuwachs an vollflüggen Tauben mit 1,4 Stück gerechnet werden kann, würde die jährliche Vermehrung unter Berücksichtigung aller Abgänge durch Wetter, Feinde und Raubzeug noch 325 000 Stück betragen. Der Abschuß von rund 285 000 Tauben in 1967/68 konnte daher keine Reduzierung, sondern nur ein weiteres Ansteigen des Besatzes herbeiführen. Nicht einmal die in 1969/70 ausgewiesene Strecke von 420 000 Ringeltauben vermag es, eine entscheidende Abhilfe zu bringen, denn in dieser Abschußzahl sind ja nicht allein heimische Tauben, sondern in erheblichem Umfange auch solche Tauben erfaßt, welche aus fremden Ländern nur als Überwinterer zu uns gekommen sind.

In England wird der Besatz an Wildtauben auf 5 500 000 Stück geschätzt. 1968 wurde erwogen, zur Abwendung der Schäden, welche hoch in die Millionen gehen, 2 Millionen Tauben mit dem Betäubungsmittel Alpha-Chlorose zu vernichten. Jäger und Naturfreunde dagegen wollen gemeinschaftlich mit der Landwirtschaft auf fest angestellte Taubenschützen zurückgreifen, die nicht nur die erlegten Tauben verkaufen dürfen und die notwendige Munition gestellt bekommen, sondern darüber hinaus noch einen Wochenlohn.

An Streckenzahlen aus anderen Ländern dürften interessieren:

1966/67	Dänemark	431 000	Wildtauben
1967/68	Österreich	43 758	Wildtauben
1967/68	Schweiz	17 000	Wildtauben

Nur durch eine nachdrücklich verschärfte Bejagung der Ringeltauben ist es möglich, deren Vorkommen und damit die Schäden spürbar zu mindern. Das trifft zumindest für die im Sommer durch Bruttauben entstehenden Schäden zu. Zählungen der vorhandenen Tauben einerseit und Berichte der betroffenen Gemüseanbauer andererseits lassen Erfolge erkennen. In Holland wurden die Prämien für erlegte Tauben, die zeitweilig in Höhe von 0,75 bis 1,00 Gulden gezahlt wurden, eingestellt. In Westdeutschland dagegen werden die Abschußprämien von DM 0,30 je Taube (Ständerpaar abliefern!) weiter gezahlt. Dabei zeigt sich, daß der deutsche Jäger keineswegs nur wegen der Prämie die Tauben schießt. Nur für etwa 60 % der Gesamtstrecke werden Prämien in Anspruch genommen.

Fast könnte der Gedanke auftauchen, das Problem der Taubenschäden wäre bereits gelöst. Tatsächlich sind auch im Winter in einigen Gebieten die Zahl der vorkommenden Tauben und die Höhe der Schäden rückläufig. Auf der anderen Seite aber tauchen Tauben in bisher nie gekannten Massen auf, was am Niederrhein in einem Falle schon zur Verdoppelung der bisherigen Prämien führte. Die Gefahr, daß eines Tages doch noch zur Taubenvergiftung gegriffen werden könnte, ist also keineswegs gebannt.

Die Jagdbehörde ist berechtigt, den verstärkten Abschuß von Ringeltauben zu verlangen. Gleichgültigkeit einer Anzahl von Jägern hat bereits zu höchst unerwünschten Erscheinungen geführt. In die Pachtverträge niederrheinischer Jagdreviere wurde der Passus aufgenommen, daß bei ungenügenden Abwehrmaßnahmen die Gemeinde berechtigt sei, von sich aus Taubenjäger einzusetzen.

Schärfer gingen andere Jagdgenossenschaften vor, welche in den Pachtverträgen die Übernahme der vollen Taubenschäden in den Sommermonaten vom Jagdpächter verlangten. Man sah zunächst davon ab, auch die Winterschäden in diese Regelung einzuschließen, weil der Pächter keinen Einfluß auf den Zuzug Zehntausender Wintergäste hat. Aber schon im Sommer zur Zeit des Auspflanzens von Junggemüse in die Felder können Tauben gewaltige Schäden anrichten. In den neuesten mir bekannt gewordenen Pachtverträgen ist die volle Ersatzleistung von Taubenschäden an Gemüse, Getreide, Obst usw. einbegriffen.

Es kann sich niemand darauf berufen, ein Ersatz solcher Schäden könne nicht verlangt werden, weil er im Bundesjagdgesetz nicht vorgesehen sei. Mit der Unterzeichnung des Pachtvertrages erlangt diese Bestimmung Rechtsgültigkeit.

Feinde, Parasiten und Krankheiten

Die Zahl der Feinde unserer Ringeltaube ist — man möchte fast sagen *erfreulich* — groß, denn sonst würden ihre Schäden noch um ein Mehrfaches steigen. Schon das Gelege, wenig geschützt, wird bedroht von Krähen, Elstern, Eichelhähern,

Eichhörnchen, Mardern, von gut kletternden Waldmäusen, Siebenschläfern und gebietsweise auch von verwilderten Katzen. Rechnet man die vom Sturm herunter-geschleuderten Eier oder Nester hinzu, so kommt man schon bei den Gelegen auf einen Verlust von 30 %.

Zur Nestlings- und Ästlingszeit vermehrt sich die Zahl der Feinde noch um Eulen (vor allem Waldkauz) und Greifvögel.

Selbst die vollflüggen Tauben werden trotz ihres gewandten Fluges noch häufig Beute der Greifvögel (Habicht, Wanderfalke). UTTENDÖRFER stellte unter 10 000 Greifvogelrupfungen 431 Ringel-, 41 Turtel- und 23 Hohltauben fest. An einem Wanderfalkenhorst wurden unter 188 Rupfungen 8 Ringeltauben festgestellt. Nur in meiner Jugend konnte ich die damals schon sehr spärlichen Wanderfalken bei der Taubenjagd beobachten — ein begeisternder Anblick. Ein besonders eifriger Taubenjäger ist der Habicht, der jedoch auch immer seltener geworden ist. In meinem Niederrheinrevier wurde in über 40 Pachtjahren ein einziger Habicht erlegt — und das gegen meinen Willen. Hin und wieder kommt ein einzelner Habicht »zu Besuch«. In einem taubenreichen Winter konnte ich im Verlauf von nur einer Woche 19 Rupfungen feststellen. Vermutlich waren weitere Habichte daran beteiligt. — An einem Augustmorgen hatte ich in der Eifel von einem Hoch-sitz aus ein interessantes Erlebnis: Auf einem Stoppelfeld balzten in Schußent-fernung zwei Ringeltauben. Ein weiterer Tauber strich hinzu, und es entwickelte sich ein federnstiebender Kampf. Plötzlich strich — durch meine Kanzel gedeckt — ein Habicht dicht an meinem Kopf vorbei und stieß auf die Tauben. Im aller-letzten Augenblick bemerkten diese die Gefahr und stoben auseinander. Der Habicht versuchte nicht, im Fluge noch einmal zum Erfolg zu kommen.

Auf einem Kiefernkahlschlag beobachtete ich, wie ein Sperberweib eine am Wald-rand entlangstreichende Ringeltaube schlug. Die schwere Beute zog den Greif zu Boden, wo er gleich zu rupfen begann. Als ich mich näherte, versuchte der Sperber vergeblich, die Taube fortzutragen. Er ließ sie im Stich und strich ab.

Auf verschneiten Gemüsefeldern beobachtete ich einmal einen Rotmilan und mehr-mals überwinternde Kornweihen beim Versuch, Ringeltauben zu schlagen. Die Gabelweihe verzeichnete keinerlei Erfolg, während bei den Kornweihen immer-hin einige Federn stoben.

In strengen Wintern, in denen die Tauben durch einseitige Ernährung geschwächt waren, machte der Mäusebussard wiederholt erfolgreiche Jagden. Doch gab es manchmal einen harten Kampf am Boden, wobei die Gegner sich überschlugen, ehe die Kraft der Taube erlahmte. Meist begann der Bussard sofort mit der Rupfung, vereinzelt trug er auch seine Beute davon.

Beim Ausgraben von Fuchsbauen fanden sich neben Resten von Hasen, Kaninchen und Fasanen hin und wieder solche von Ringeltauben.

Die Verdrahtung der Landschaft scheint der Ringeltaube weniger Abbruch zu tun. Häufig fand ich unter den Leitungen Fasanen und Rebhühner, vereinzelt Eulen und Sperber, einmal auch eine Saatgans. Dagegen fand ich bis heute keine Tauben, obwohl diese das häufigste Wild in meinem Revier waren. Als Taubenfallen, die laufende, wenn auch geringere Verluste ergeben, konnte ich hohe Fabrikschornsteine wie auch Kläranlagen feststellen. Auf den grünlichen, oft verölten Oberflächen der Klärbecken fallen Ringeltauben (auch Singvögel) ein, wohl in der Annahme, daß es sich um eine fest Oberfläche handelt. Mit dem verschmutzten Gefieder können sie sich nicht wieder erheben und ertrinken – wie ich es mit eigenen Augen beobachtete.

An Parasiten der Ringeltaube zählt NIETHAMMER auf: 3 verschiedene Federlinge, 2 Lausfliegen, 5 Flöhe, 2 Zecken, 5 Milben, 2 Bandwürmer und 1 Saugwurm.

Unter den Krankheiten, welche die Vermehrung der Tauben erheblich bedrohen, dürfte an erster Stelle die Ornithose stehen. Hauptsächlich Jungvögel erkranken daran, und bis zur Hälfte können daran zugrunde gehen. Die Überlebenden aber können Virusträger bleiben.

Ende der 1920er Jahre machte eine besonders bedenkliche Form dieser Viruskrankheit – die Psittakose (»Papageienkrankheit«) – Schlagzeilen in der Presse. Von 215 seinerzeit in Deutschland bei Menschen gemeldeten Fällen verliefen 45 tödlich.

Seit etwa 25 Jahren ist bekannt, daß diese Krankheit nicht nur von Papageien, sondern auch von zahlreichen anderen Vögeln übertragen wird. Von den Nutzvögeln sind vor allem die Tauben Überträger der Krankheit, und zwar sowohl Brieftauben und verwilderte Haustauben wie auch Wildtauben. Bei Ringeltauben wurden 7–18 % Virusträger festgestellt, bei verwilderten Haustauben in Hamburg 10 %, in anderen Großstädten 20–40 %, im Durchschnitt 30 %. In einzelnen Brieftaubenschlägen waren 50–80 % der Insassen Virusträger. Auch Salmonellen kommen nicht selten vor.

Der Jäger hat also nicht nur im Hinblick auf die landwirtschaftlichen Schäden durch Ringeltauben, sondern auch zur Erhaltung der Gesundheit seiner Mitmenschen die Verpflichtung, alles in seiner Kraft Stehende zu unternehmen, um die in den letzten Jahren entstandene Überpopulation der Tauben wieder zu vermindern. Ebenso sollte sich kein Jäger aus mißverstandener Tierliebe dagegen wehren, wenn in den Großstädten die Massen verwilderter Haustauben dezimiert werden. Eine andere, dem Jäger leichter auffallende Krankheit sind die sogenannten Taubenpocken. Hierbei bilden sich an verschiedenen Körperteilen erbsen- bis bohnengroße Knoten. Es handelt sich um eine Viruserkrankung. Die befallenen Tauben magern ab, werden flugunfähig und gehen zum Teil ein. Diejenigen Tauben jedoch, die diese Krankheit überstanden haben, fallen dadurch auf, daß ihnen an den Füßen die Krallen ganz oder teilweise fehlen. Es handelt sich aber nicht, wie manchmal angenommen wird, um Erfrierungserscheinungen.

Eine dritte, dem Jäger leicht erkennbare Krankheit ist der Durchfall. Das Gefieder der Tauben ist um die Kloake herum grünlich verschmiert. Die Tauben magern ab und gehen zum größten Teil ein. Ursache für diese Krankheit der Verdauungswege dürfte die einseitige Ernährung in strengen Winterwochen sein, wenn die Äsung durch Schnee bedeckt ist und nur noch Rosenkohl zur Verfügung steht. Außerhalb dieser Notzeiten habe ich Durchfall bei Ringeltauben nur in Einzelfällen beobachten können.

Im Frühjahr 1972 kam es dreimal vor, daß meine Frau es ablehnte, Tauben zu braten, die ich im Revier gleich sauber gerupft und ausgehakelt hatte. Meiner Frau fiel auf, daß die Tauben gering an Wildpret waren und vor allem, daß die Leber mehr oder weniger stark mit gelben, pustelartigen Gebilden bedeckt war. Hier handelt es sich um eine als »Gelber Knopf« oder Trichomoniasis bekannte Krankheit. Als ich diesen Bescheid von dem Institut für Wildforschung in Göttingen-Weende erhielt, erinnerte ich mich, daß ich im Revier noch eine Reihe eingegangener Tauben gefunden hatte. Soweit ich diese Kadaver noch vorfand, konnte ich auch bei diesen als Todesursache Gelbknopf feststellen.

Im Frühjahr 1973 sandte ich an das genannte Institut abermals eine Ringeltaube ein, die meine Frau abgelehnt hatte, obwohl sie gut bei Wildpret war. Oben an der linken Brust befand sich eine Schwellung in Größe einer mittleren Walnuß. Der feste Inhalt war gelblichweiß. Mitten in diesem Abszeß befand sich ein Schrotkorn 3 mm. Der Vorgang zeigt, daß Schußverletzungen manchmal auch nach längerer Zeit noch schwerwiegende Folgen haben können.

Die Hohltaube *(Columba oenas* L.)

Die Hohltaube heißt in Deutschland volkstümlich auch Blacktaube, Blautaube, Blocktaube, Blaue Holztaube, Kleine Holztaube, Kleine Kohltaube, Lochtaube, Kleine Waldtaube, Kleine Wildtaube.
In England wird sie als Stock dove, in Frankreich als Pigeon colombin, in Holland als Holenduif und in Schweden als Skogsduva bezeichnet.

Gefieder, Maße und Gewichte

Im Gefieder hat die Hohltaube viel Ähnlichkeit mit der Ringeltaube, doch fehlen ihr als auffallendstes Merkmal alle weißen Abzeichen. Insgesamt wirkt sie dunkler als die Ringeltaube. Kopf, Hals, Oberflügel, Unterrücken und Bürzel sind mohn-

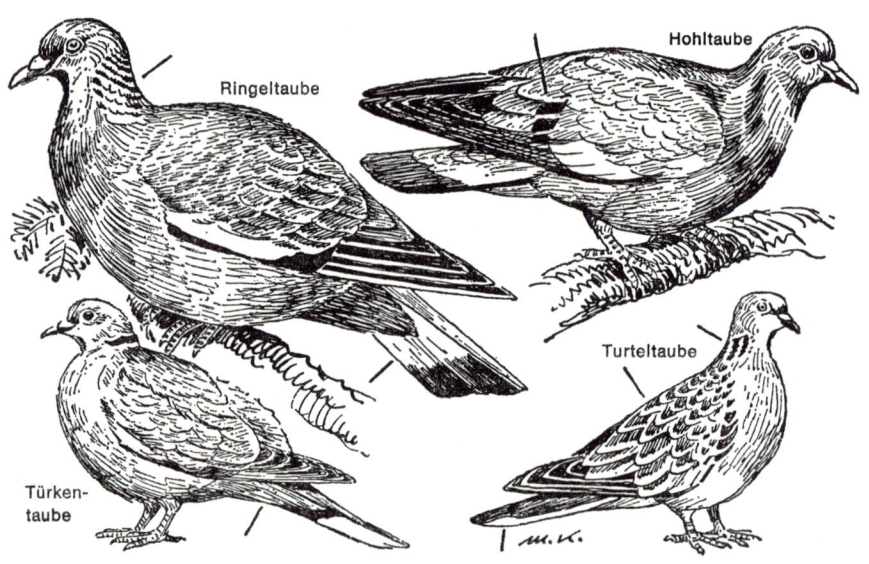

Ringeltaube

Hohltaube

Turteltaube

Türkentaube

blau, der Oberrücken tief graublau. Auf beiden Halsseiten schillert ein metallisch-grüner Fleck. Die Kropfgegend ist weinrot gefärbt, die übrige Unterseite matt mohnblau.

Die Schulterfedern zeigen schmale bräunliche Ränder. Die Schwungfedern sind schwarzbraun bis schieferblau. Eine Anzahl schwarzer Flecken ergeben beim Flug den Eindruck einer unregelmäßigen, unterbrochenen Flügelbinde, die sich über innere Armschwingen und die großen Oberflügeldecken erstreckt. Die 12 Stoß-federn sind 9 bis 13 cm lang. Sie sind blaugrau gefärbt mit breiter, fast schwarzer Endbinde.

Der schmale Augenring ist blaugrau, die Iris dunkelbraun mit großen, schwarzen Pupillen. Der Schnabel ist dunkel, an der Wurzel rötlich, an der Spitze weißlich-grau bis gelblich. Lauf und Zehen werden von roten, weißlich geränderten Horn-plättchen bedeckt. Die kräftigen Krallen sind dunkelgrau.

Die Täubinnen sind insgesamt etwas matter. Den Jungvögeln fehlt der metallische Glanz. Auf der Brust ist die weinrote Färbung höchstens schwach angedeutet.

Wie bei der Ringeltaube gibt es auch bei der Hohltaube sowohl individuelle wie regionale Farbunterschiede. Auch auffallend dunkle Exemplare traf ich gelegent-lich an, doch niemals in geschlossenen Flügen.

Die Dunenjungen haben eine dunkle Haut mit haarartigen Dunen, die jedoch kräftiger gelblich gefärbt sind als bei der Ringeltaube.

Mit 31 bis 33 cm Länge ist die Hohltaube um etwa 25 % kürzer als die Ringel-taube (43 cm), und sie erreicht mit 250 bis 300 g eben die Hälfte des Ringel-taubengewichtes. Die Spannweite liegt zwischen 660 und 700 mm, die Schwingen-länge zwischen 206 und 215 mm. Maße und Gewichte der Täubinnen liegen geringfügig unter denen der Tauber. In Gestalt und Flugbild erinnert die Hohl-taube stark an die Haustaube.

Die Mauser beginnt, bevor die Jugendflügel ausgewachsen sind. Die im späten Winter mausernden Vögel sind offenbar solche aus der zweiten (evtl. dritten?) Brut. Die Jahresmauser (Vollmauser) erstreckt sich nach WITHERBY auf die Zeit von Mai bis November/Dezember.

Stimmlaute

Die Beschreibungen der Rufäußerungen der Hohltaube weichen in der Literatur erheblich voneinander ab. Es finden sich Wiedergaben wie »huh-kuh«, »huu huh hu hu hu«, »huru huru«, »huwe«, »huch'huch, huch'-huch'huch«, »gug'-gug'gug«, »hurru, hurru«, »hurruh, hurruh«, »hu-ru-u«. Nicht immer ist aus diesen Schreibformen erkenntlich, welche Stimmäußerung damit gemeint ist.

HERMANN LÖNS schildert den Ruf der Hohltaube als ein »dumpfes, bauchrednerisches Heulen, fast ein Seufzen«. In dieser vortrefflichen Beschreibung liegt vielleicht der Schlüssel für die so sehr variierende Wiedergabe dieser Laute in der Literatur. Den Leser mag es daher nicht verwundern, wenn ich selber aufgrund meines individuellen Gehörs und Empfindens noch zu einer stark abweichenden Schreibweise komme.

Da ist zunächst der Ruf, der sowohl als Zum-Nest-Ruf wie auch als Revierruf betrachtet werden kann. Für mein Empfinden läßt er sich am besten mit »wulle — wulle — wulle« wiedergeben. Dieses »wulle« ertönt in längeren Abständen 6-, 8-, 10mal und noch häufiger. Es ist eine Reihe fast gleicher Töne, welche NIET-HAMMER mit »huwe« wiedergibt. Dabei schreibt er allerdings, daß diese im Sommer zu hören sind. Dagegen vernahm ich diese Tonreihe mehrmals schon ab 15. März, im April und besonders häufig im Mai. Als frühesten Termin notierte ich mir den 24. Februar 1952 bei zwar kaltem, aber sonnigem Wetter. Als spätesten Ruftermin erlebte ich den 29. September.

Sowohl der am 24. Februar wie die im März und April rufenden Tauber saßen allein, aber in nächster Nähe des Nestes — in diesen Fällen hohle Baumstämme. Besonders eindeutig machte ich diese Beobachtungen am 29. April 1951 und den folgenden Tagen. Ein durch Kriegseinwirkungen abgestorbener und hohler Baum stand im Garten meines Nachbarn keine 50 m von der Trennmauer entfernt, so daß ich mit dem Fernglas die besten Beobachtungsmöglichkeiten hatte.

Wenn der Tauber (April) noch alleine in dem kahlen Baum saß, waren alle Töne der Reihe praktisch gleich. Saß die Täubin im gleichen Baum, dann ging die Tonhöhe von Ruf zu Ruf um etwa einen Ton höher, und auch die Intervalle wurden etwas kürzer, so daß die Tonfolge eine Erregungssteigerung zum Ausdruck zu bringen schien. Hierbei dürfte es sich wohl um den Weibchen-Imponier-Ruf handeln. Während des Revierrufes sitzt der Tauber nahezu unbeweglich, den Weibchenruf begleitet er mit einer mäßigen Verbeugung. Bei beiden Rufformen ist der Hals kurz, der Kropf wird aufgeblasen, so daß das ihn bedeckende Gefieder absteht. Der Schnabel bleibt jedoch geschlossen.

Ganz abweichend ist der Treibruf, mit dem der Tauber seine Täubin treibt. Es ist eine schnelle Folge von »hu-hu-hu«-Rufen, wobei einzelne — jedoch ohne bestimmten Rhythmus — mit »huu« oder »huuu« zwei- bzw. dreitönig erscheinen. Bei den mehrtönigen Silben ist meist das erste, seltener das letzte »u« betont, während das andere halb verschluckt erscheint.

Einmal hatte ich Gelegenheit, das Treiben in einem belaubten Eichenbestand aus nächster Nähe zu beobachten. Zunächst vernahm ich den näherkommenden Treibruf. Ich hatte den Eindruck, daß dieser Ruf auch beim Flug ausgestoßen wurde, doch ist es natürlich möglich, daß dieser Ton doch nur vom sitzenden, aber von Ast zu Ast näher flatternden Tauber hervorgebracht wurde. Plötzlich jedoch erschienen beide Tauben auf einem niedrigen, kaum fünf Meter von mir entfernten Ast völlig frei. Der Tauber trippelte hinter der Täubin her und machte mit dem Kopf im Tempo der Ruffolge nickende, fast pickende Bewegungen. Gleich darauf duckte sich die Täubin als Zeichen der Begattungsbereitschaft. Nach dem Tretakt »bedankte« sich der abgehende Tauber mit einem »ru'u«.

Verbreitung

Die Hohltaube bewohnt in vier Rassen einen Teil des eurasischen Blockes sowie Randgebiete von Nordafrika. Der Name Hohltaube ist neueren Datums. Der Naturhistoriker Buffon bezeichnete sie in seinem 24bändigen Werk »Naturgeschichte der Tiere« (erschienen 1749 bis 1783) noch als »vulgäre wilde Holztaube«. Der wissenschaftliche Name setzt sich aus dem lateinischen Columba (= Taube) und dem griechischen oinos (= Wein) zusammen. Dies bedeutet »weinfarbige Taube« — wohl bezogen auf die weinrote Färbung der Brust des Altvogels.

Die Deutschland bewohnende Rasse Columba oenas oenas besiedelt Europa einschließlich Irland, fehlt in Island und Nordskandinavien, in einem Streifen im westlichen Teil der Iberischen Halbinsel und in Griechenland. Dagegen lebt sie in Marokko, Algerien, Tunis, Sizilien und Sardinien. Einzelne Exemplare wurden auch auf Korsika beobachtet. In Nordrußland ist sie bis in die Waldgebiete Sibiriens verbreitet, dann in Teilen des Balkan, in der Türkei und Kleinasien.

Columba oenas hyrcana kommt in Nordpersien in den Provinzen Gilan, Masanderan und Astarabad vor. Columba oenas tianshanica ist in Tschimkent und Semiretschensk bis zu den Nordhängen des mittleren Tienschan verbreitet. Columba oenas yarkandensis schließlich ist in Ostturkestan und Forghana bis zu den Südhängen des Tienschan beheimatet.

Abgesehen von Standvögeln in England und in den Mittelmeerländern, ist die mitteleuropäische Nominatform Zugvogel, der seine Winterquartiere in Südfrankreich, Spanien und Nordwestafrika aufsucht. Ebenso wie bei der Ringeltaube kommen in den letzten Jahrzehnten in zunehmendem Maße auch bei der Hohltaube Überwinterungen vor, in Deutschland vor allem im nordwest- und südwestlichen Raume. Belegexemplare fanden sich frisch verendet am 24. 1. 1954 in meinem Jagdrevier im Raume Kaldenkirchen (holländisches Grenzgebiet) und am 6. 2. 1965 im Raume Erkelenz. Außerdem beobachtete ich in meiner Jagd bei Schneelage am 10. 1. 1954 acht Stück, am 10. 2. 1954 sieben und am 12. 1. 1961 ca. 150 Stück. Aus dem Raume von Twente (Holland) berichtete »De Nederlandse Jager«, daß dort etwa 4 %/o der überwinternden Taubenmassen aus Hohltauben bestanden.

Ursachen der Überwinterungen dürften reichliches Futterangebot, z. B. in den Gemüseanbaugebieten, und milde Witterung bei leichter Schneelage sein, welche es noch erlaubt, Futter vom Boden zu picken. Diese Form der Futteraufnahme konnte ich wiederholt beobachten, während es die gleichzeitig anwesenden Ringeltauben vorzogen, oben auf den Kohlstrünken zu sitzen.

Die in Westdeutschland brütenden Hohltauben dürften etwa Mitte März die Rheinlinie passieren. Frühere Beobachtungen (18. 2., 19. 2. KNORR und 24. 2., rufend, BETTMANN) dürften wohl Überwinterer betreffen.

Der Zug erfolgt truppweise — manchmal zu einigen Hundert — und gelegentlich mit der Ringeltaube vergesellschaftet. Der Abzug vom Brutplatz erfolgt Ende September (selten August) und dauert bis in den November. Ringfunde erhärten die westliche bis südwestliche Zugrichtung, z. B.

Eifel und Lüneburger Heide nach Südfrankreich
Schweiz und Dänemark in die Pyrenäen
Sachsen nach Nordspanien
Böhmen nach Südspanien
Ungarn nach Albanien
Südschweden nach Südwestfrankreich
Estland nach Norditalien.

Beim Studium der Literatur entsteht der Eindruck, als ob der eine Autor der Hohltaube eine Bevorzugung der Ebene, der andere eine Bevorzugung der Gebirge als Lebensraum unterstellen möchte. Tatsächlich ist es wohl so, daß die Hohltaube überall dort brütet, wo ihr der Biotop zusagt, in zusammenhängenden Waldungen der Ebene, der Mittelgebirge und auch der Hochgebirge, wo sie sich allerdings mehr an die Täler hält und nicht so hoch hinaufsteigt wie die Ringeltaube. Ebenso gerne bewohnt sie Auwaldungen, Feldbüsche, Baumgruppen, einzelne Bäume — falls diese hohl sind. Sie brütet nicht nur in freier Wildbahn, sondern auch in Parkanlagen, auf Friedhöfen und selbst in Gärten inmitten der Stadt.

Als in der Forstwirtschaft nur mit dem Rechenstift gearbeitet und jeder hohle Baum sofort gefällt wurde, sah es mit dem Vorkommen der Hohltaube in Europa schlecht aus. Inzwischen wurde erkannt, daß Tiere und Pflanzen eine Lebensgemeinschaft bilden. Mit der Vermehrung des Schwarzspechtes in den letzten Jahrzehnten ist auch unsere Hohltaube wieder auf dem Vormarsch. In meinen Jagdgebieten im Westerwald und am Niederrhein konnte ich ab 1920 das Wiederauftreten dieser beiden Vogelarten deutlich beobachten.

Nach meiner Auffassung ist die Hohltaube gar nicht so selten, wie oft angenommen wird. Natürlich kommt die Zahl der Brutvorkommen bei weitem nicht an die der Ringeltauben heran. Hinzu kommt jedoch, daß die Hohltaube wesentlich scheuer ist als unsere übrigen Wildtauben, daß sie ihre Stimme viel seltener ertönen läßt, und daß diese schließlich mit den Stimmen anderer Vögel, z. B. dem Waldkauz oder der Waldohreule, verwechselt wird. Mehrfach konnte ich Brutpaare feststellen, von deren Anwesenheit die Garten- bzw. Parkbesitzer keine Ahnung hatten.

Vermehrung und Lebensweise

Nach Auflösung der Zuggemeinschaften treffen die Hohltauben in kleineren Flügen Ende Februar oder in der ersten Märzhälfte in ihren Braträumen ein. Es erfolgt die Paarung und gleich darauf setzen oft heftige Kämpfe mit anderen Taubern um die meist zu knappen Bruthöhlen ein. Dabei setzt es harte Flügelschläge und Schnabelhiebe.

Der Mangel an hohlen Bäumen veranlaßt die Hohltaube, mitunter auf andere Brutmöglichkeiten auszuweichen. Höhlenähnliche Orte, wie Felsnischen, Eichhornkobel, Elsternester werden angenommen. Im väterlichen Jagdrevier Rickelrath (Niederrhein) beobachtete ich mehrmals Hohltauben beim Betreten oder Verlassen von Kaninchenbauen. Auch in altem Gemäuer oder in Holzstapeln wurden ihre Nester gefunden. Gern werden künstliche Nistkästen angenommen. Ist gar nichts Höhlenähnliches aufzufinden, begnügt sich die Hohltaube gelegentlich mit verlassenen Krähennestern oder Greifvogelhorsten, oder sie brütet sogar unter Heidekraut am Boden. Am Niederrhein werden gern hohle Kopfweiden aufgesucht.

Der Boden der Bruthöhle wird mit Reisern, Halmen, Wurzelteilen, Dürrlaub und Moosen dürftig bedeckt. Selten wird in den natürlichen Nestboden eine Mulde gedrückt. Während nach meinen Feststellungen die Ringeltaube zum Nestbau eine Anzahl Baumaterialien gleichzeitig heranträgt, bringt die Hohltaube jeweils nur ein Stück ein.

Der Tauber umwirbt die Auserwählte, indem er sie an ihrem Sitzplatz unermüdlich fliegend umkreist. Dabei gehen diese Flugspiele immer wieder in einen Gleitflug mit schräg hochgestellten Schwingen über. Dann geht der Tauber wieder an der Seite des Weibchens nieder, stößt unter Verbeugung den Treibruf aus. Beide schnäbeln miteinander, kraulen sich gegenseitig im Halsgefieder. Dazwischen fährt der Schnabel schnell und rhythmisch über den Rücken weg unter einen Flügel. Manchmal steckt bei diesem Liebesspiel das Weibchen seinen Schnabel in den des Männchens und läßt sich nach Jungenart füttern. Dann duckt sich das Weibchen, der Tauber befliegt es, und nach Beendigung des Tretaktes kommt es wieder zu dem rhythmischen Schnabelstoß unter einen Flügel. Manchmal ereignet es sich aber auch, daß anschließend das Weibchen das sich duckende Männchen tritt — ein Vorgang, der auch bei der Ringeltaube gelegentlich beobachtet werden kann.

Die Eiablage erfolgt im Abstand von zwei Tagen. Das Normalgelege besteht aus zwei Eiern, vereinzelt auch drei. Nach VERWEY sind Dreiergelege in Holland keine Seltenheit. Liegen dagegen vier Eier in einem Nest, dann haben zwei Täubinnen zusammengelegt. Die Eier sind glänzend weiß und rundlicher als die der Ringeltaube. Sie wiegen 16 bis 17 g, die leere Schale 1 g. Im Durchschnitt sind in Deutschland vermessene Eier 37 × 27,7 mm groß bei Extremen von 43—26,5 mm. Die Brutzeit dauert 16 bis 18 Tage (nach NIETHAMMER).

Das Gelege wird von beiden Eltern abwechselnd bebrütet. Beide Vögel sitzen so fest auf den Eiern, daß sie mit der Hand gestreichelt werden können. Werden sie vertrieben, kehren sie nach kurzer Zeit zurück und versuchen, sich eventuell mit Gewalt wieder Zugang zum Gelege zu verschaffen.

Die Jungen schlüpfen fast gleichzeitig aus. Das Geschlechterverhältnis ist im Durchschnitt 50:50. Die Altvögel tragen die leeren Eierschalen aus der Bruthöhle und beteiligen sich beide gleichmäßig an der Jungenaufzucht. Die Dunenjungen sind 8 bis 10 Tage lang blind und reagieren nur auf Geräusche und Erschütterungen. Während dieser Zeit werden sie von den Eltern mit Kropfmilch ernährt. Diese Produktion läßt nach, die Augen öffnen sich, und in steigendem Maße werden pflanzliche und animalische Nahrung beigemischt. Auch erdige Stoffe aus fast ausgetrockneten Pfützen und der Mulm verrotteter Baumstubben werden verfüttert. Vor dem Ausfliegen klettern die Jungvögel mit Hilfe ihrer spitzen Krallen in der Höhle umher, äugen zum Schlupfloch hinaus und lassen sich bei Gefahr wieder hinunterfallen. Die Nestlingszeit beträgt nach EGGELING (»British Birds«) 18 bis 21 Tage. An Tauben in Gefangenschaft beobachtete HEINROTH das Ausfliegen erst nach etwa vier Wochen. Da die Altvögel den anfallenden Kot nicht aus der Bruthöhle hinaustragen, entströmt dieser häufig ein penetranter Geruch. Auch sind die ausfliegenden Jungvögel in den ersten Tagen noch stark verschmutzt.

Die Hohltaube zeitigt zwei bis drei, manchmal sogar vier Bruten im Jahr. Diese Bruten sind gelegentlich ineinander verschachtelt. So kann es vorkommen, daß die Täubin schon wieder mit der Eiablage oder dem Brüten beginnt, während noch die fast flüggen Jungen der vorhergehenden Brut in der Bruthöhle hocken. Häufiger läuft dieser Vorgang jedoch so ab, daß der Tauber die Pflege der Jungen in der alten Höhle übernimmt, während die Täubin in einer anderen Höhle bereits mit der neuen Brut beginnt. So dauert die gesamte Brutzeit vereinzelt ab Ende März, meistens vom 2. Aprildrittel an bis zum August. Die Brutpaare halten zumindest für ein Jahr zusammen.

Bastarde zwischen Haus- und Hohltauben sind bekannt — beide Arten sind eng verwandt.

Nahrung und Feinde

Da die Hohltaube in Westdeutschland völlige Schonung genießt, hatte ich keine Gelegenheit, größere Untersuchungen über den Kropfinhalt anzustellen. Zwei im Winter verunglückte Exemplare hatten nur Kohl geäst (1× Wirsing, 1× Rosenkohl). Außerdem erlegte einmal ein Jungjäger im Herbst zwei Hohltauben mit einem Schuß. Beide hatten mehrere Eicheln (*Quercus robur*) im Kropf. Insgesamt finde ich als Äsung in der Literatur neben allgemeinen Bezeichnungen folgende Pflanzennahrung spezifiziert:

Blätter von Getreide, Gräsern, Grünkohl, Rosenkohl, div. Wildkräutern, Baumknospen;

Beeren der Wald-(Heidel-)beere, Johannisbeere, Stachelbeere, Kanad. Felsenbirne;

Baumsamen von Fichte, Kiefer, Rotbuche, Hainbuche, Eiche;

Früchte von Gerste, Erbsen, Bohnen, Raps, Hanf, Linsen;

Unkrautsamen von Vogelknöterich, Wolfsmilch, Wicken.

Recht interessant erscheint an dieser Stelle ein Vergleich zwischen der Vermehrung der Ringel- und der Hohltaube. Beide legen im Jahre etwa 6—8 Eier. Eier und Nestlinge der Hohltaube dürften in ihrer Höhle wesentlich besser geschützt sein als die in den offenen, meist liederlichen Nestern der Ringeltaube. Zudem wird letztere in Deutschland stark bejagt und hat trotzdem erheblich zugenommen, während die Hohltaube bei uns nicht bejagt wird und dennoch ein spärlicher Brutvogel geblieben ist. Auch dieses Beispiel zeigt, daß nicht immer die Bejagung, sondern andere Umstände, vor allem Biotopänderung oder -vernichtung, auch wohl Vergiftung von Äsung Ursachen sind für Rückgänge mancher Tierarten.

Von den Eiern bis zu den Altvögeln sind die Hohltauben gefährdet durch Marder, Waldkauz, Wiesel und Eichhörnchen, bei Bodenbrütern sicherlich auch durch Ratten und Iltis. Die Bruten können durch Dohlen, Stare oder Hornissen vernichtet werden, welche die Höhle für sich in Anspruch nehmen. Trotz des reißenden Fluges werden Altvögel von Habicht und Wanderfalk geschlagen. Freilich gelingt es ihnen oft, durch Hakenschlagen ihren Verfolgern zu entkommen. Beim Flug ist ein pfeifendes Geräusch zu hören.

An Parasiten zählt NIETHAMMER auf: 4 Arten Federlinge, 3 Arten Gefiederfliegen, 2 Arten Flöhe, 1 Art Zecken, 5 Arten Milben, 1 Art Fadenwürmer.

Die Turteltaube (*Streptopelia turtur*)

In Deutschland heißt die Turteltaube volkstümlich auch Wegtaube, Turteltub, Schnurrer.

In England wird sie als Turtle dove, in Frankreich als Tourterelle des bois, in Holland als Tortelduif und in Schweden als Turturduva bezeichnet.

Gefieder, Maße und Gewichte

Zwischen der Gefiederzeichnung der Turteltaube und den einander recht ähnlichen der Ringel- und Hohltaube besteht ein beträchtlicher Unterschied. Der Oberkopf ist blaugrau, Ohrdecken und Kehle rötlichgrau. Bei einzelnen Individuen befinden sich in der Ohrgegend kleine schwarze Federn, worauf der Name Ohrentaube zurückzuführen ist. Kropf und Brust sind dunkel weinrötlich, Bauch und Unterschwanzdecken weiß. Beiderseits des Halses sitzen schwarze Federn mit weißen Rändern, die einen 2—3fach schwarz/weiß gestreiften Fleck ergeben. Der Hals ist sonst bräunlich, der Rücken dunkel blaugrau und rostfarben gewölbt. Schulterfedern und Oberflügeldecken (mit Ausnahme der blaugrauen äußeren) sind kontrastreich mit schwarzbraunen Schäften und beiderseitigen breiten, rotbraunen Säumen. Schwingen schwarzbraun, Stoßfedern bläulich schwarzbraun, das mittelste Paar einfarbig, die übrigen auf Ober- und Unterseite mit breitem, weißem Endsaum, das äußere Paar auch mit weißer, sich zur Wurzel hin verjüngender Außenfahne. Der Stoß zählt 12 Federn von 10 bis 12 cm Länge.

Der Schnabel ist schwärzlich, die nackte Haut ums Auge himbeerrot, besonders zur Paarungszeit, die Iris orangerot. Die Füße sind von roten, weißgerandeten Schildern bedeckt. Die schwachen Krallen sind dunkelgrau.

Die Täubinnen sind nicht nur etwas schwächer im Körperbau, sondern auch matter in den Farben.

Noch weniger markant ist das Jugendkleid. Die ganze Oberseite ist braun, Kehle und Brust sind grau statt weinrötlich. Vor allem aber fehlen die schwarz/weiß gestreiften Flecken an den Halsseiten. Die Dunenjungen haben dunkle Haut mit haarartigen, fahl strohfarbenen Dunen.

Die Jugendmauser beginnt August/September und endet erst in der Winterherberge. Die Jahresmauser (Vollmauser), im Juli mit dem Kleingefieder beginnend, schließt im Winter mit dem Großgefieder ab.

Mit 28 cm Länge ist die Turteltaube um etwa 15 % kürzer als die Hohltaube, während sie mit 147 bis 160 g Gewicht nur gut die Hälfte der Hohl- und ein Viertel der Ringeltaube erreicht. Schwingenlänge der Männchen 175 bis 183, der Weibchen 169 bis 173 mm. Für England gibt WITHERBY etwa 3 cm geringere Maße an.

Stimmlaute

Die Ringeltaube erhielt ihren Namen nach der Gefiederzeichnung, die Hohltaube nach ihrem Brutort, die Türkentaube nach ihrer Herkunft — die Turteltaube jedoch nach ihrer Stimme. Der Grundton ist ein schnurrendes »turrr« — duddeln sagt der Niederrheiner. Dieses »turrr« wird etwas kollernd, trompetend oder hohl gurrend und in unterschiedlichen Tonhöhen vorgetragen. Manchmal ergibt sich eine längere Reihe von gleichmäßigen Schnurrlauten — 6, 8 und mehr an der Zahl —, zwischen welchen hin und wieder ein nur aus der Nähe hörbarer Knacklaut erklingt. Der häufigste Ruf ist ein Dreierrhythmus, den ich mit »turrr, türrr-türrr« wiedergeben möchte. In diesem Ruf ist die erste Silbe am stärksten, die dritte weniger, die mittlere am wenigsten betont. Dieser Dreierrhythmus, in schnellerer Reihenfolge, entspricht dem Treibrucksen. Der Tauber sträubt dabei das Kleingefieder, läßt den Stoß hängen, tritt von einem Bein auf das andere und verbeugt sich dabei tief vor dem Weibchen. Eifriges Schnäbeln und Halskraulen gehören als Vor- und Nachspiel zum Begattungsakt. Die Kopulation wird mit einem würgenden Ton beendet. Rivalen werden durch Flügelschlagen und kurze Knurrtöne abgewehrt. Der Schrecklaut ist ein kurzes, trompetendes »Ru«.

Frühmorgens beginnt der Turteltauber 20 bis 30 Minuten später als der Ringeltauber mit dem Gurren. Vereinzelt hörte ich es abends noch bei stärkster Dämmerung, nach 22 Uhr. Der Ruf der Turteltaube ist nicht so melodisch wie der des Ringeltaubers, nicht so unheimlich wie der der Hohltaube. Er hat jedoch für mich etwas Anheimelndes, Zärtliches und unterscheidet sich dadurch angenehm von dem Ruf der ihr an Körpergröße ungefähr gleichen Türkentaube.

Verbreitung und Zugverhalten

Die Turteltaube *(Streptopelia turtur)* wird in 4 geographische Rassen eingeteilt: Die Nominatform *Streptopelia turtur turtur* bewohnt Europa ohne die nördlichen Gebiete Irland, Schottland, Skandinavien, Nordrußland, ferner Kleinasien mit Syrien, Cypern, Madeira und die Kanarischen Inseln. *Streptopelia turtur loci* kommt nur auf den Balearen vor. *Streptopelia turtur arenicola* bewohnt Nordafrika von Marokko bis Tripolis, Südwestasien von Turkestan bis Irak, Iran, Afghanistan, während *Streptopelia turtur isabellina* die Libysche Wüste und das Nildelta besiedelt.

Die Turteltaube ist der ausgesprochenste Zugvogel unter den mitteleuropäischen Taubenarten. Die Winterquartiere liegen weit bis Afrika hinein, zum Teil im Sudan. Nach HARTERT verschwinden im Winter selbst die auf den Kanaren brütenden Turteltauben. Ende August bis Ende September durchwandern Massen dieser kleinen Taube das Mittelmeergebiet, wo nur eine geringe Anzahl älterer Vögel überwintert. Anfang bis Mitte April erfolgt in fast gleicher Stärke der Zug nach dem Norden. Nachzügler sind aus Oktober/November bekannt. Ein von mir Anfang Dezember an den Hinsbecker Seen angetroffenes Exemplar erschien mir behindert, doch erwähnt NIETHAMMER seltene Nachzügler im Dezember selbst aus England, Ostpreußen, Finnland.

Am Niederrhein trifft nach meinen Notizen die Turteltaube meist zwischen dem 29. 4. und 3. 5. ein. Als ungewöhnlich frühe Ankunftsdaten notierte ich den 19. 4. 1968 und den 23. 4. 1962. Den spätesten rufenden Tauber vernahm ich in meinem Jagdrevier Amern am 16. 8. 1963. Am Niederrhein beringte Turteltauben wurden in Portugal und in der Gironde (Frankreich) wiedergefunden.

Als Lebensraum meidet die Turteltaube im Gegensatz zu Ringel- und Hohltaube große geschlossene Waldungen. Sie ist, wie HERMANN LÖNS sie schildert, »ein Vogel des Lichts und der Sonne«, liebt lichte Waldungen, in denen die Sonne auf den Boden scheint, freies, offenes Gelände in Auwaldungen, Heckenlandschaften, an Feldbüschen, in Obstplantagen, Parks und alten Gärten. So traf ich sie wiederholt brütend inmitten meiner Vaterstadt Rheydt an. Zur Nahrungssuche findet sie sich gerne auf sonnigen Feldwegen oder Waldschneisen ein — daher auch der volkstümliche Name »Wegetaube«.

In Westdeutschland ist die Turteltaube viel häufiger als in den östlichen Gebieten, in der Ebene häufiger als in den Mittelgebirgen, wo sie bis in etwa 800 m Höhe hinaufsteigt. Bei 25, oft mehrwöchigen Besuchen traf ich im Alpengebiet ein einziges Mal Turteltauben bei Reit im Winkl an. Besonders zahlreich beobachtete ich sie im Mai in der Umgebung des Neusiedler Sees. Reisegesellschaften von 40 bis 60 Stück sind im Herbst am Niederrhein häufiger anzutreffen. Manchmal sitzen morgens und abends die Tauben ruhend auf Hochspannungsleitungen. Der Zug erfolgt zur Nachtzeit.

Im Hochsommer wandern kleinere Trupps Jungtauben auch außerhalb des Brutgebietes umher. Nichtbrüter wurden so mehrfach in Schottland, Irland, Skandinavien und Finnland gemeldet. Der Abzug nach Süden erfolgt bei den mitteleuropäischen Turteltauben zum Teil nach Südwesten, zum Teil nach Südosten. Ringvögel aus England, Schweiz und Holland wurden in Südwestfrankreich, Spanien, Portugal wiedergefunden, Vögel aus Schlesien und Ungarn dagegen in Griechenland. Die »Zugscheide« scheint zwischen West- und Mitteldeutschland zu verlaufen, doch kommen Ausnahmen vor.

Die Siedlungsdichten variieren sehr stark. In einzelnen deutschen Gebieten ist ein Zunehmen, in anderen ein Abnehmen bis zum völligen Verschwinden zu beobachten. In meinem mehr als 40 Jahre am Niederrhein bejagten Revier wechselte das Vorkommen von Brutpaaren von Jahr zu Jahr bis um das Fünffache, ohne daß Gründe dafür erkennbar waren. Denkbar ist, daß die Zuggemeinschaft des betreffenden Gebietes irgendwo besonders erhebliche Verluste erlitt.

Vermehrung und Lebensweise

Das Nest ist ebenso liederlich aus Reisern und Wurzeln erbaut wie das der Ringeltaube. Häufiger als bei letzterer steht es in Kiefern oder Fichten. Aber auch Laubbäume wie Eiche, Ulme, Obstbäume scheinen als Nestträger beliebt, wobei sich das Nest häufig in Stammnähe auf abstehende Zweige stützt. Das Nest selbst steht meist in Höhen von 1 bis 5 m, selten noch niedriger und ebenso selten in Höhen von 10 m und mehr. Die meisten Nester fand ich am Niederrhein in Birkengebüsch und in einer Höhe, die ich gerade noch mit der ausgestreckten Hand erreichen konnte. Das Turteltaubennest ist kleiner als das der Ringeltaube. In Ausnahmefällen werden jedoch deren Nester benutzt oder solche anderer Vögel, wie z. B. Neuntöter oder Singdrossel. Tiefstehende Nester finden sich in Weißdornhecken und im Gerank von Brombeeren oder Heckenrosen. Das Nest wird durch beide Ehepartner erbaut.

Außer mit seinen Rufen imponiert der Turteltauber seiner Täubin auch mit einem Balzflug, indem er steil in die Höhe steigt und dann im Gleitflug meist zu dem Ausgangspunkt zurückkehrt. Ein Schwingenklatschen auf dem Scheitelpunkt der Flugbahn erfolgt im Gegensatz zur Ringeltaube nicht.

In der zweiten Maihälfte bis in den Juni hinein wird das Gelege gezeitigt. Im Abstand von etwa eineinhalb Tagen werden zwei Eier gelegt. Selten sind es drei Eier, und wenn vier Eier in einem Nest gefunden werden, dann haben vermutlich zwei Weibchen zusammengelegt. Das Frischei wiegt etwa 9 g, die Eischale 0,5 g. Die Eier sind weiß und leicht glänzend, gleichhälftig und an beiden Enden abgeplattet. NIETHAMMER gibt das Durchschnittsmaß mit 29,9 × 22,8 als Maximum 33,2 × 23,0 und als Minimum 27,0 × 21,0 mm an.

Wird das erste Gelege zerstört, so erfolgt meist eine Nachbrut. Dagegen scheinen regelmäßige Zweitbruten nur in klimatisch besonders begünstigten Gebieten stattzufinden. Störenfriede am Nest versucht ein Altvogel gerne durch Verleiten (Flügellahmstellen) abzulenken. Beide Gatten brüten abwechselnd. Die Brutdauer in Gefangenschaft gibt HEINROTH mit 14,5 Tagen an, in freier Wildbahn dauert sie bis zu 16, selten bis zu 18 Tage.

Die Jungvögel schlüpfen blind. Auf dunkler Haut tragen sie strohfarbene Dunenhaare. In den ersten 8 bis 10 Tagen werden sie mit Kropfsekreten (Taubenmilch) gefüttert. Später werden den Jungen Sämereien und Grünzeug eingewürgt. Das Tränken erfolgt gesondert. Die Jungvögel werden von den Eltern abwechselnd gehudert. Nachts sitzen häufig beide Altvögel bei den Jungen.

Über die Dauer der Nestlingszeit gehen die Beobachtungen auseinander. Während KLINZ von 18 bis 23 Tagen spricht, erwähnt NIETHAMMER 14 bis 16 Tage. Ich selber beobachtete, daß die jungen Turteltauben 18 Tage nach dem Schlüpfen bereits auf dem Nestrand hockten. Jedenfalls sind die Jungen beim Verlassen des Nestes noch nicht flugfähig, so daß noch mehrere Tage Ästlingszeit hinzukommen.

Die flüggen Jungtauben verbleiben nur kurze Zeit bei den Eltern. Dann schlagen sie sich zu Jugenflügen zusammen und zigeunern in Gehölzen, Obstanlagen, Weinbergen und Getreidefeldern umher. Anhand der fehlenden Halsflecken sind sie als Jungtiere leicht anzusprechen.

Nahrung und Feinde

Die Nahrung der Turteltaube besteht in erster Linie aus Sämereien aller Art wie Getreidekörner, Grassamen (milchig und ausgereift), und in den Anbaugebieten Südosteuropas bevorzugt Hirse. Bei uns sind Nadelholzsamen besonders beliebt, doch werden auch Samen des Vogelknöterichs, der Ackerwinde, der Nachtkerze, des Frauenflachses, der Leimkrautarten, des Wegerichs, der Rundblättrigen Glokkenblume, Bärenschote, Heidekraut, mehrere Wolfsmilcharten, Erlen-, Birken- und Robiniensamen aufgenommen. Schließlich sind noch die Samen von Mohn, Raps und Hülsenfrüchten zu erwähnen.

Als Grünfutter werden genommen Kleeblättchen, Buchenknospen, Rapsblatteile, zarte Lärchentriebe und weiteres Laubwerk. An Beeren werden geäst Vogelbeeren sowie Wald-(Heidel-)beeren, ferner auch kleine Pilze. An Animalien sind einige Insekten, häufiger kleine Gehäuseschnecken bekannt. Als ich einmal auf Veranlassung der Jagdbehörde zur Beruhigung eines wildschadensüchtigen Landwirtes einige Turteltauben abschießen sollte, hatten diese ihre Kröpfe prall gefüllt mit Raygrassamen. Da sich auf diesem Acker bis zu 40 Tauben regelmäßig einfanden, kann eine gewisse Schädigung nicht bestritten werden.

Nach dem Bundesjagdgesetz ist die Turteltaube ganzjährig geschont. Im Südosten Europas, wo sie häufiger vorkommt als bei uns, wird sie bejagt. Der Schuß auf die schnelle und gewandte Fliegerin, die sich sehr geschickt auch zwischen Ästen hindurchwindet, und deren sausende Fluggeräusche gut zu vernehmen sind, wird von geübten Schützen sehr geschätzt.

Infolge ihrer Fluggewandtheit ist die ausgewachsene Taube vor allen Feinden weitgehend geschützt. Dagegen haben Gelege und Jungtauben mancherlei Feinde, wie solche im Kapitel über die Ringeltaube bereits aufgezählt wurden. Nach KLINZ ist der brütende Vogel bei tiefstehendem Nest so empfindlich, daß er sich durch das Schnüffeln eines Igels vergrämen läßt.

An Parasiten zählt NIETHAMMER einen Federling, neun Arten von Bandwürmern und einen Fadenwurm auf.

Turteltaube
mit fast flüggen
Jungen

Türkentaube
am Nest mit Jungem

Die Türkentaube *(Streptopelia decaocto decaocto* Friv.)

Unter Türkentaube verstand man früher eine in Rußland gezüchtete Brieftauben-
rasse. Um Verwechslungen zu vermeiden, wurden folgende Abänderungsvor-
schläge gemacht:

Halbmondtaube (FRIVALDSZKY 1838)
Minarettentaube (PICHLER 1906)
Balkantaube (ANDRÁS KEVE)
Wintertaube (ANDRÁS KEVE)
Orientalische Lachtaube (HARTERT 1915)
Bulgarische Lachtaube (v. BOETTICHER 1919)
Tempellachtaube (v. BOETTICHER 1919)
Kumra-Lachtaube (OTTO KLEINSCHMIDT 1950)

Inzwischen hat sich jedoch der Name Türkentaube so eingebürgert, daß er kaum
noch zu verdrängen sein dürfte.
England: Collared Turtle Dove, Frankreich: Tourterelle Aurque, Holland: Turkse
tortel, Schweden: Turkduva.
Die Bezeichnung »*decaocto*« stammt aus dem Griechischen und bedeutet »acht-
zehn«. Nun hat dieser Vogel jedoch nichts mit der Zahl 18 zu tun. Das richtig betonte Wort decaocto mit etwas Betonung der ersten und stärkster Betonung
der dritten Silbe entspricht dem Rhythmus des in Kleinasien häufigen Türken-
taubenrufs »*du*-du *duh*-du«.

Gefieder, Maße und Gewichte

Mit einer Länge von etwa 30 cm ist die Türkentaube nur wenig größer als die
Turteltaube. Im Gefieder ähnelt sie der häufig in Gefangenschaft gehaltenen
Lachtaube, ist jedoch insgesamt betrachtet nicht so hell rahmfarben, sondern
mehr grau.

Die Oberseite des Kopfes ist zart weinrot, der Rücken hell staubbraun — beim Männchen etwas intensiver in der Farbe. (Dieses Merkmal trifft in der Mehrzahl der Fälle, jedoch nicht immer zu.) Den Nacken ziert das charakteristische halbmondförmige schwarze Nackenband, das von weißlichen Federn eingefaßt ist. Im Flug erscheinen die Schultern blaugrau, die Schwungfedern sind blauschwarz mit bräunlicher Innenfahne. Der Bürzel ist blaugrau. Die 12 Stoßfedern bilden einen abgerundeten Keil. Der Stoß (Schwanz) ist von oben betrachtet in der Mitte braungrau, die Seitenfedern hell, und trägt eine weiße Endbinde. Auf der Unterseite sind die Stoßfedern in der Wurzelhälfte blauschwarz, die andere Hälfte bildet eine breite weiße Endbinde.

Kropf und Brust sind zart weinrot gefärbt, zum Bauch hin in ein lichtes Grau übergehend. Die Unterflügel sind weißlich. Das Auge zeigt eine dunkelrote Iris und ist von einem schmalen weißlichen Ring umgeben. Die Ständer sind mit roten, weiß geränderten Hornplättchen bedeckt, die Krallen sind blauschwarz. Die Schwingenlänge variiert zwischen 159 und 183 mm und beträgt im Mittel 171,5 mm. Die Schwanzlänge erreicht mit 145 bis 155 mm rund die Hälfte der Gesamtlänge. 35 Männchen wogen zwischen 175 und 245 g — Durchschnitt 214,3 g. 16 Weibchen (Sektion) wogen zwischen 145 und 217 g — Durchschnitt 186,7 g. 9 Jungvögel (ohne Nackenstreif) wogen im Schnitt 156,4 g. Kropfinhalt — nur von Morgenfängen — 1 bis 19 g.

Stimmlaute

Es ist überraschend, wie einmütig die Stimme der Türkentaube vom Menschen als unangenehm empfunden wird. Noch unbeliebter als das Gurren ist der kreischende Flugruf.

Als ich zum erstenmal diese Ansicht in den Ornithologischen Mitteilungen vertrat, äußerte sich zufälligerweise in dem gleichen Heft ein anderer Autor im gleichen Sinne. Einige Ausgaben später widersprach zwar Dr. Hans Kumerloeve, doch mußte selbst er zugeben, daß auch ihm das Rufen Tausender Türkentauben im Park von Smyrna »des Guten zuviel« geworden sei.

Als die ersten Türkentauben in Deutschland auftauchten und ihr Gesang nur vereinzelt ertönte, da hatten viele Menschen Freude daran, weil es sich um ein so ungewöhnliches ornithologisches Ereignis handelte. Ich glaube aber kaum, daß diese eintönige Dudelei irgend jemand als »schön« erscheinen könnte. Je häufiger die

Tauben und ihr Rufen wurden, um so mehr machte sich Ablehnung breit. Nicht nur in der Tagespresse, auch in Fachzeitschriften tauchten Ausdrücke auf, wie »Nervensäge« und »Plage der Menschheit«. Als ich 1958 zur Kur nach Bad Nauheim mußte, da war die Türkentaube noch völlig geschont. Trotzdem machten sich dort Ärzte und Stadtverwaltung ernsthaft Gedanken darüber, wie man diese Belästigung den Kurgästen fernhalten könne.

Weitaus am häufigsten vernimmt der Städter von der Türkentaube den Gebietsruf. Dieser wird das ganze Jahr hindurch eifrig vorgetragen, nicht nur von Frühjahr bis Herbst, selbst bei Sturm und Regen, sondern sogar im Winter bei Nebel, Frost und hoher Schneelage. Häufiger als von der Ringeltaube kann dieses Rufen auch bei Dunkelheit vernommen werden. In Westdeutschland — entlang der Rheinlinie — beginnen die Türkentauben frühmorgens etwa $1/2$ bis 1 Stunde später zu rufen als die Ringeltauben. In Izmir (Smyrna) beobachtete KUMERLOEVE den Gesangesbeginn um $3^{1}/_{2}$ Uhr. Das Rufen ließ um $5^{3}/_{4}$ Uhr nach und schwoll ab 7 Uhr früh wieder zu dem üblichen Tagesrufen an, das in diesen Gebieten bei maximaler Besiedlung praktisch nicht mehr abreißt.

Dem Gebietsruf liegt ein dreiteiliger Rhythmus zugrunde — »du-*duh*-du« — also stärkere Betonung der mittleren Silbe. Dieser Grundruf wird 5- bis 10mal wiederholt. Wenn nur wenige Tauben anwesend sind, läßt sich feststellen, daß es sich nicht um einfache Wiederholungen handelt, sondern daß das Lied auch in seiner Ganzheit einen eigenen Rhythmus hat. Häufig werden die Strophen von Wiederholung zu Wiederholung lauter oder höher werdend und dann wieder abschwellend vorgetragen. Es folgt schließlich ein prägnanter Schlußruf, der aus nur einer Silbe, manchmal aber auch aus zwei Silben besteht. Wo die Tauben sehr zahlreich geworden sind, findet nur selten mal eine Zeit, das ganze Lied vorzutragen. Oft wird der Sänger durch zustreichende andere Tauben gestört und bricht vorzeitig ab. Einmal konnte ich beobachten, daß zwei auf einer Antenne sitzende Türkentauben (wegen dieses bevorzugten Sitzplatzes hat sie der Volksmund geradezu »Antennenvögel« getauft) sich gegenseitig andudelten. Eine von ihnen geriet in immer stärkere Erregung, was sich im Ton und in der Bewegung äußerte. Dann pickten beide aufeinander in das Halsgefieder, begannen zu schnäbeln und schritten schließlich zur Kopulation. Daraus kann geschlossen werden, daß bei der Türkentaube gelegentlich auch die weiblichen Vögel gurren.

Bei der Ringeltaube erwähnte ich bereits einen regionalen Rufdialekt in der Form, daß in einem bestimmten Gebiet alle verhörten Ringeltauben ihr Lied mit einer nur dreisilbigen Einleitungszeile begannen. Etwas Ähnliches läßt sich in viel stärkerem Maße bei der Türkentaube beobachten. In meiner Vaterstadt Rheydt am Niederrhein habe ich nur zweimal – in verschiedenen Jahren und verschiedenen Stadtteilen – je eine Türkentaube gehört, welche ständig statt des dreisilbigen Rufes eine viersilbige Zeile erklingen ließ. Diese beiden Tauben unterschieden sind untereinander auch noch dadurch, daß sie diese vier Silben abweichend, aber gleichbleibend, betonten. Die erste rief »dudu-*duh*-du«, die andere »du-*duh*-dudu«. Die eine betonte also die dritte, die andere die zweite Silbe. Diese ursprünglich vielleicht individuellen Abweichungen haben aber zum Teil deutlich regionalen Charakter angenommen.

STADLER erwähnt in seinen Arbeiten bereits den vierteiligen Ruf. Als Abschluß eines längeren Liedes folgt dabei häufig eine dreisilbige Endzeile. Es gibt – aus der Nähe verhört – sowohl echte (reine) dreisilbige Schlußzeilen nach Vierergesang wie auch unechte durch »Verschlucken einer Silbe«, die der Beobachter aus der Nähe aber doch vernimmt. Ebenso gibt es echte wie auch falsche (durch Verschlucken entstehende) Zweierrufe. Der Ansicht, daß ein einsilbiger Schlußruf auf Störung zurückzuführen sei, kann ich nicht beipflichten. Ich verhörte Tauben, die als individuelle Eigenart *stets* den einsilbigen Schlußruf vortrugen.

KUMERLOEVE berichtet mir, daß der Viererruf in Kleinasien überwiegt. Ein anderer Bericht erwähnt ihn als häufiger in Smyrna (zweite Silbe betont) und Waldperlach bei München. Ich selber vernahm den Viererruf ziemlich häufig in Bad Nauheim, wo die dritte Silbe öfter als die zweite stärker betont wird.

Dem Gebietsruf im Aufbau ähnlich ist der Weibchenruf, meist als Balzruf bezeichnet. Er unterscheidet sich jedoch nicht nur durch die lebhafteren Bewegungen, sondern auch durch den Tonfall. Er ist lauter, härter, und scheint sich in der Erregung zu überschlagen. Eine oder zwei Zeilen entsprechen noch ungefähr dem Revierruf »gu guh gu«, aber dann geht es weiter »gu glüh gü«. Nachdem auch diese Zeile mehrfach wiederholt wurde, endet manchmal ein »guh-gu« das Gesamtlied. (Ein ähnliches Überschlagen der Stimme kommt auch beim erregten Kuckuck häufig vor, wenn er statt des üblichen, auf der ersten Silbe betonten »ku*ck*uck« ein deutliches »ku*kück*« ertönen läßt.)

Im Sommer 1968 hielten sich in meinem Stadtgarten zwei Türkentauben auf, deren Imponierruf im Rhythmus merklich von den normalen Rufen abwich. Die erste sang »duddu-glick« immer gleichmäßig ohne Abwandlung den ganzen Tag über und fast zwei Wochen lang. Bei der zweiten Türkentaube wurde zwar der

Decaocto-Rhythmus eingehalten (also erste Silbe stärker, die dritte noch stärker betont), doch handelte es sich nicht um das eintönige Gedudel, sondern um einen beschwingten, beinahe melodiösen Gesang. Der zärtliche Rhythmus läßt sich vielleicht mit einem menschlichen Ständchen unter dem Fenster der Geliebten wiedergeben: »Du mein Liebling!«

Es ist erwiesen, daß der Imponierruf der Türkentaube von beiden Geschlechtern vorgetragen werden kann. Bei dem Weibchen ist er etwas leiser und weniger anhaltend. Wie HOFSTETTER mir brieflich mitteilt, liegt der Revierruf der Türkentäubin deutlich unter 1 %/o aller Rufe, ist also sehr selten.

Über den *Angstruf* der Türkentaube berichtete MÜLLER-USING erstmalig in »Österreichs Weidwerk« 1953, Nr. 23/24, S. 230. Diese Mitteilung übernahm er in die 20. Auflage von »Diezels Niederjagd«.

Den bisher häßlichsten Türkentaubenruf vernahm ich Ende Juni 1971. Da rief ein Tauber mit heiserer Stimme einen ganzen Vormittag lang ein »gau — gäui — skupp«. Da ich diese Strophe später nicht wieder hörte, bleibt die Frage offen, ob der Sänger wieder weit fortstrich, oder ob einer der ansässigen Vögel aus unbekanntem Grunde sein Lied vorübergehend so stark variierte.

Bei der Vielzahl der unterschiedlichen Türkentauberrufe ist zu überlegen, ob es sich nicht nur um individuelle Unterschiede handelt, sondern um Zuzügler aus ganz verschiedenen Gegenden.

In der Erregung stößt die Türkentaube auch ein lachendes »grögrögrögrögrö« aus, als Zärtlichkeitslaut ein »gu«, als Schrecklaut ein »rru«. Der Kampfruf erklingt wie »gru«, außerdem läßt sich von sitzenden Vögeln gelegentlich ein in der Bedeutung bisher ungeklärtes Fauchen hören. Völlig abweichend von all diesen Stimmen ist der Flugruf, also ein Ton, der nur im Fluge ausgestoßen wird. Hierbei glaube ich zwei ähnliche, doch in der Bedeutung voneinander abweichende Laute unterscheiden zu können. Der normale Flugruf ist ein unschönes »rräh« oder »rräi«. Ihn vernahm ich oft, wenn eine einzelne Taube meinen Garten überquerte oder zur Äsungsaufnahme auf dem Rasen wenige Meter von meiner Terrasse entfernt einfiel. Dieser Laut wird meist vereinzelt, seltener zweimal kurz hintereinander wiederholt ausgestoßen.

Ein für mein Ohr weicher klingendes »wäh« oder »wäi« vernahm ich vom balzenden Tauber, wenn er zum Abschluß des kurzen Balzfluges im Schwebeflug zur Täubin zurückkehrte oder auch der Täubin bedrängend folgte, weshalb dieser Laut in der Literatur auch als Treibruf bezeichnet wird.

Verbreitung

Wohl das spannendste Ereignis, das die heute etwas betagteren Ornithologen um die Mitte des 20. Jahrhunderts herum miterleben durften, war die explosionsartige Ausbreitung der Türkentaube. Ursprünglich war dieser Vogel nur in Indien heimisch. Schon einmal erlebte die Menschheit zu Beginn der Neuzeit seine starke Ausbreitung. In östlicher Richtung erstreckte sich diese bis Korea und Japan. Im Westen wurden Kleinasien und die Balkanhalbinsel besiedelt. NAUMANN beschreibt 1837 diesen Vogel aufgrund von Bälgen, die beiderseits des Bosporus und auf Kreta gesammelt wurden. Erstbeschreiber ist jedoch IMRE FRIVALDSKY.

1930 stoßen die Türkentauben aus dem südwestlichen Balkangebiet nach Norden vor. Es wird angenommen, daß es sich um eine zufällige Ausbreitung in ökologisch wesentlich günstigere Gebiete handelte, wo die Wanderer sich dann ansiedelten und nach allen Seiten weiter ausbreiteten. Das mag für die anfängliche Entwicklung zutreffen — für den späteren stürmischen Zug nach Norden ist es keine gute Erklärung. 1932 wurden die ersten Türkentauben in Ungarn beobachtet, 1936 in Budapest, 1938 am österreichischen Teil des Neusiedler Sees, aber auch in Tyrnau in der Slowakei. 1943 brüteten sie in Wien. 1946 wurden sie in Augsburg gesichtet, aber erst 1954 als brütend bestätigt. Vortrupps erschienen 1940 in Schlesien, 1944 in Nördlingen, 1948 in Mannheim. Ein westlicher »Keil« brütete 1948 in Nürnberg, am Ammersee (Oberbayern) und in Württemberg. Ein nördlicher Keil wurde 1947 an der Saale, 1948 in Celle, 1949 in Hannover, im gleichen Jahre auch in Husum und Schleswig gesehen.

Dem Stromtal des Rheins folgend trafen Türkentauben 1949 in Mainz, 1950 in Bad Dürkheim und Aschaffenburg ein. 1951 brüteten sie in Worms, 1952 in Erkelenz gesichtet, 1957 in Rheydt, wo sie 1958 schon mit etwa 30 Paaren brüteten. 1952 Brut in Aachen, 1955 Brut in Köln, aber erst 1959 in Bonn, 1960 in Venlo an der Maas. Von der Nordseeküste und den vorgelagerten Inseln liegen folgende Daten vor, wobei Sicht mit »Si.«, Brut mit »Br.« vermerkt ist:
Heide (Schleswig-Holstein) Si. 1950, Föhr Si. 1950, Cuxhaven Si. 1950, Br. 1951, Bremen Si. 1951, Norden Si. 1952, Br. 1960, Fehmarn Si. 1953, Helgoland Si. 1953. (Dort verblieben einzelne Exemplare stets nur für einen oder wenige Tage, so daß es sich also um Durchzügler handelt, denn auch Skandinavien war inzwischen erreicht, wo sie 1968 am 60. Breitengrad auftauchten.) Ameland Si. 1954, Duhnen Br. 1955, Borkum Si. 1956. Scharhörn Si. 1957, Neuwerk Si. 1958.

Wiederum in westlicher Richtung wurden Erstbruten 1957 in Saarbrücken und Luxemburg festgestellt, ebenso in England.

Der zunächst türkentaubenleere Raum zwischen dem mittleren Westdeutschland und der Nordsee wurde langsam angesiedelt — so Bruten 1955 in Bramsche, 1956 Bielefeld, 1957 Osterode und Cloppenburg, 1958 Bocholt und Beckum in Westfalen, Hann.-Münden, 1959 Hameln, Lingen, Braunschweig, 1960 Brut Osnabrück (aber 1953 schon gesichtet), 1961 Quakenbrück und 1962 Sögel.

Von den Türkentauben werden drei Rassen unterschieden, die sich in Form und Größe unterscheiden. In Mittelasien lebt *Streptopelia decaocto stoliczkae*, in Burma nur dort lokal vorkommend *Streptopelia decaocto xanthocyclus*, die von Asien her in den drei letzten Jahrzehnten auch Europa besiedelt hat.

Der Vollständigkeit halber sei noch *Streptopelia risoria* erwähnt, die wir unter dem Namen Lachtaube kennen, und die zunächst mehrfach mit der Türkentaube verwechselt wurde. Die Lachtaube hat jedoch ein helleres Gefieder, und vor allem ist ihr Ruf nicht drei- bis viersilbig, sondern nur zweisilbig.

Vermehrung und Lebensweise

Ein Teil der Altvögel bleibt auch den Winter über verpaart, während andere, insbesondere die Jungvögel, sich zu größeren Fluggemeinschaften bis zu 100 Stück zusammenschlagen und zwischen besonders ergiebigen Äsungsplätzen umherfliegen. Bei diesen geht die Paarung dann derart vor sich, daß das paarungswillige Weibchen auf das rufende Männchen zufliegt. Ist dieses Männchen »noch zu haben«, dann steigert es sein Rufen. Das Weibchen geht mit geplustertem Gefieder und aufrechter Haltung auf das Männchen zu, krault es im Hals- und Kopfgefieder — und damit ist die Verlobung vollzogen.

»Liederlich« wie ihre Verwandten erbaut auch die Türkentaube ihr Nest. In den ersten Jahren der Stadtbesiedlung wurden als Brutbäume Nadelholz-, vor allem Lebensbäume, aber auch Kiefern und Fichten bevorzugt. Als die Zahl dieser Bäume für die Masse der Brutpaare nicht mehr ausreichte, entstanden die primitiven Nester in kahlen Bäumen aller Art. Auch Balkongeländer und bewachsene Hauswände dienen zum Nestbau. Auf dem Balkan beziehen die Türkentauben, die dort zum Teil als eine Art heilige Vögel gelten, speziell für sie aufgehängte Nistkörbe. Nicht selten werden auch alte Nester anderer Vögel, insbesondere der Ringeltaube, von der Türkentaube benutzt.

Während das Männchen das Nistmaterial herbeiträgt, übernimmt das Weibchen in den weitaus meisten Fällen den Nestbau. Das recht kleine Nest besteht aus Reisern, Grashalmen und sonstigen Pflanzenteilen. Gar nicht so selten wird zum Nestbau auch Draht verwendet, und zwar nicht nur einzelne verrostete Drahtstücke, sondern es wurden auch Nester gefunden, die zu ³/₄ oder ganz aus Draht bestanden. Wo die Tauben in der Nähe eines Friedhofes genügend dünnen Blumendraht finden, erbauen sie manchmal ausschließlich aus solchem ihr Nest. W. Matthes bringt die Aufnahme eines Nestes, das ausschließlich aus weichem Plombendraht zusammengefügt wurde. (Die Verwendung metallischer Baustoffe im Nest ist besonders aus der Zeit des Zweiten Weltkrieges bekannt. Die Alliierten warfen zur Täuschung der deutschen Radarabwehr ganze Büschel silberglänzender Metallfolie ab, welche viele Vögel gerne zum Nestbau verwendeten. Gebietsweise wurden bis zu 20 % der Nester unter Benutzung dieses Materials errichtet.)

Bei wiederholter Benutzung werden die Nester vor der Eiablage instandgesetzt. Hierzu ein Beispiel aus meiner nächsten Nachbarschaft: Auf der meinem eigenen Wohnhaus gegenüberliegenden Straßenseite steht im ehemals elterlichen Garten eine einzelne alte Roßkastanie (Pavia flava). Dort hinein baute in einem Frühjahr ein Paar Ringeltauben sein Nest. Im folgenden Frühjahr wurde dasselbe Nest wohl von den gleichen Ringeltauben abermals erfolgreich benutzt. Im Sommer fiel mir auf, daß Türkentauben Nistmaterial in die dichtbelaubte Kastanie trugen. Als Anfang Oktober der Baum völlig kahl war, konnte ich feststellen, daß Türkentauben das Nest der Ringeltauben übernommen hatten. Ich konnte Brut und Fütterung der Jungen sehr gut vom Speicher meiner Wohnung aus beobachten.

Nach lebhafter Balz im Dezember, teilweise bei Schnee und 10 Grad Frost, bezogen die Türkentauben im Januar das Nest und begannen zu legen bzw. zu brüten. Infolge ungünstiger Witterung fielen diese Jungen nicht aus. Es sind jedoch Fälle bekannt, daß junge Türkentauben flügge wurden, obwohl sie als Nestlinge zeitweise von Schnee bedeckt waren. Seitdem sind zehn Jahre vergangen, aber noch im Frühjahr 1968 wurde dasselbe Nest erfolgreich von Türkentauben benutzt. Mit Sicherheit konnte ich vier Bruten im Jahr feststellen. Nicht alle Eier fielen aus. Einige Male konnte ich ein oder zwei Eier zerschmettert unter der Kastanie finden, so daß die nächste Brut wohl als Nachgelege bezeichnet werden muß. Daß dieses Nest sich jahrelang erhalten hat, dürfte nicht nur auf gelegentlichen Flickarbeiten beruhen. KLINZ schreibt, daß die Nester erst durch den Kot der Jungvögel dauerhaft zusammengeklebt würden.

Nach dem »Vorwärmen« der Nestmulde werden 4—8 Tage nach der Kopulation zwei Eier im Abstand von 2 bis 3 Tagen gelegt. Diese sind weißlich und mit den Ausmaßen von 31,7 × 24,5 größer als die Eier der Turteltaube, Auch sind beide Enden etwas spitzer als bei letzterer, und das Frischgewicht beträgt 7,75 g. Zwar ist die Regel ein Gelege von zwei Eiern, es wurden aber auch einigemale Dreiergelege festgestellt wie auch drei Jungvögel im Nest. Liegen jedoch vier oder gar noch mehr Eier in einem Nest, dann haben mehrere Weibchen zusammengelegt. Zwergeier ohne Dotter kommen auch bei der Türkentaube vor.

Bei der dichten Besiedlung unseres Gebietes mit Türkentauben ist es keine Seltenheit, daß in einem Baum gleich mehrere Nest errichtet werden. Dabei kommt es zwischen den rivalisierenden Paaren zu so heftigen Kämpfen, daß Eier und Jungvögel zu Boden geschleudert werden können.

Schon nach Ablage des ersten Eies beginnt das Brüten. Die Brutzeit dauert 14 bis 16 Tage. Tauber und Täubin wechseln sich beim Brüten und Hudern ab — etwa viermal am Tage. Gelegentlich sitzen auch beide Ehegatten nebeneinander auf dem Nest. Die Dunenjungen gleichen denen der Turteltaube. Sie sind blind und werden während dieser 6—11 Tage anhaltenden Periode von den Altvögeln mit Kropfmilch gefüttert und von einem Altvogel gedeckt. Wenn sich Feinde dem Nest nähern, versuchen die Altvögel manchmal, den Störenfried durch Flügellahmstellen zu »verleiten«. Nach etwa drei Wochen (in Kleinasien nach 15—16 Tagen) verlassen die Jungvögel das Nest, werden jedoch bis zum Alter von ca. 40 Tagen von den Alten betreut und gefüttert. Erst nach 2 Monaten sind sie voll gefiedert. Nur bei Frühbruten wird das farbarme Jugendkleid noch im gleichen Jahre vom Alterskleid abgelöst.

Normalerweise erfolgen drei bis vier Bruten im Jahr. Es kommt aber auch vor, daß nur ein bis zwei Bruten im Jahre gezeitigt werden. Andererseits wurde auch sechsmalige Eiablage im Jahr beobachtet, wenn nicht alle Gelege ausfielen. Die Jungtauben schließen sich zu Fluggemeinschaften zusammen und wandern, wie durch Beringung festgestellt wurde, weit im europäischen Raum umher.

In den Wintermonaten schlägt sich ein Teil der Türkentauben zu größeren Schwärmen von 20 bis 100 Exemplaren zusammen und zigeunert in dieser Form im Stadtgebiet umher, hält sich dort auf, wo die meiste Nahrung zu finden ist und weiß in kurzer Zeit genau, wo und zu welcher Zeit die Bürger Futter für sie ausstreuen.

Nahrung und Feinde

Als ausgesprochener Kulturfolger ist die Türkentaube vor allem auf die Nahrung angewiesen, die sie in ihrem Lebensraum, also vorzugsweise innerhalb oder am Rande menschlicher Ansiedlungen antrifft. So nimmt sie das für Hausgeflügel ausgeworfene Körnerfutter ebenso eifrig wie das sonst von Vogelfreunden gespendete Futter. Auch Küchenabfälle sagen ihr zu, so daß bisher die Aufnahme folgender Äsungsteile bekannt wurde:

Mais, Weizen, Gerste (Hafer ebenso wie die Ringeltaube nur ungern), Buchweizen, Haferflocken, Graupen, Brötchen, Vollkornbrot, sehr gerne Kuchenkrümel, gekochte Kartoffeln und Klöße, Hanfkörner. An Animalien wird bei der Fütterung durch Menschen auch gekochtes Fleisch aufgenommen.

An Gemüsearten wurden bekannt frische und gekochte Kohlgemüse, Bohnen, Erbsen, Linsen, junge Salattriebe und Radieschenkeime.

Als Obst- und Beerennahrung sind bisher bekannt das Anpicken von Apfelkerngehäusen, Weinbeeren, Vogelbeeren, Holunderbeeren und Kirschen. Im Sommer 1968 plünderten Türkentauben gemeinsam mit Amseln die Kirschbäume in meinem Garten (Schattenmorellen). In früheren Jahren war mir die Aufnahme von Kirschen nur vereinzelt aufgefallen. Die Kirschen wurden entweder überreif vom Boden aufgesammelt wie auch — auf der Mauer sitzend — vom Baum abgerupft. Kirschsteine und andere unverdauliche Äsungsbestandteile werden ausgewürgt.

Auf frisch gesäten Rasenflächen spazieren die Türkentauben langsam, aber eifrig pickend umher, nehmen die frischen Samen, später aber auch gekeimte Gras- (und Getreide-)körner. Samen von Ölpflanzen, Wicken, Kiefern, Zypressen sowie verschiedener Kreuzblütler werden aufgesammelt. Sonnenblumenkerne erfreuen sich besonderer Beliebtheit. In Ungarn, wo die Sonnenblumen feldmäßig angebaut werden, streichen starke Taubenschwärme zu diesen Feldern und äsen die Kerne, indem sie sich auf den großen Samenständen niederlassen.

In Indien, der Urheimat der Türkentaube, ist das Aufsammeln von Samen der Mohrenhirse (Durra) und Reis bekannt.

Der Anteil an Animalischem an der Gesamtnahrung ist gering. Es werden jedoch kleine Insekten verschiedener Arten aufgesammelt, und nach einzelnen Beobachtungen wohl auch Fliegen gelegentlich im Fluge gehascht.

Infolge der bisherigen Schonzeit liegen mir nur die Resultate einzelner Kropfuntersuchungen (NOWACK) aus Ungarn vor.

1. Kropf: 165 Weizenkörner, 22 Sonnenblumenkerne, 843 verschiedene Grassamen.
2. Kropf: 461 Roggenkörner und einige sonstige Samen.
3. Kropf: 369 Weizenkörner, 5 Roggenkörner, 5 Wickensamen und 28 Sonnenblumenkerne.
4. Kropf: 31 Kürbiskerne und 2 Haferkörner.

Mit Kernen und Körnern im Gesamtgewicht von etwa 25 g ist der Kropf der Türkentaube prall gefüllt, während ich bei der Ringeltaube Kropfinhaltgewichte von mehr als 100 g feststellen konnte.

Ihren Durst stillt die Türkentaube im Sommer, indem sie nach Regenfällen an Wasserpfützen saugend trinkt, während sie im Winter Schnee aufnimmt.

Während die Türkentaube ihre Nahrung ganz überwiegend vom Boden aufsammelt bzw. abrupft, kann vereinzelt auch das Abrupfen von Blatteilen auf Buchen- oder Ahornbäumen beobachtet werden. An weiterem Grünzeug werden Blätter von Hirtentäschelkraut mit Vorliebe, aber auch Vogelknöterich gerupft. Schließlich werden auch Sandkörner und Erdteilchen aufgenommen.

Durch die am 1. April 1968 in Kraft getretene Änderung der Bundesverordnung über die Jagd- und Schonzeiten wurde erstmalig auch die Jagd auf Türkentauben freigegeben, und zwar in der Zeit vom 16. August bis zum 30. April. Vorerst dürfte sich diese Jagderlaubnis nicht nennenswert auf die Vermehrung der Türkentaube auswirken, da dort, wo sich diese Tauben meist aufhalten, also innerhalb geschlossener Ortschaften, der Jäger nicht schießen darf.

Mit der starken Vermehrung der Türkentauben sind diese Tauben gezwungen — ebenso wie sie es auf dem Balkan schon lange machen —, in großen Scharen bis zu 100 Stück und mehr aus den Siedlungen hinaus auf die Felder zu fliegen. Dies geschieht insbesondere zur Zeit der Aussaat sowie der Getreideernte. Erste Beobachtungen dieser Art machte ich außerhalb der Stadt Bramsche (Bersenbrück), wo die Türkentauben sich in Kiefernwaldungen außerhalb des bebauten Gebietes, jedoch in der Nähe einer großen Getreidemühle, ansiedelten. Später bekam ich Berichte über größere Feldflüge aus dem Raum von Worms und immer weiteren deutschen Gebieten, neuerdings auch aus Holland. Aufgrund dieser Umstellung der Verhaltensweise wird in Zukunft auch mit einer besseren Bejagungsmöglichkeit zu rechnen sein. Immerhin vereinfacht die jetzige Jagdzeit für die Behörden die Möglichkeiten, von sich aus Maßnahmen gegen die Überhandnahme der Türkentaube ergreifen zu können.

In dem Zoologischen Garten einer Großstadt wurde gut ein Drittel des in Freilandgehegen ausgestreuten Futters durch Türkentauben aufgenommen. Um den unerwünschten Mitessern Abbruch zu tun, wurde eine mehrere Quadratmeter große, überdachte und an dreieinhalb Seiten geschlossene Schutzhütte in eine Taubenfalle umgewandelt. Über dem Eingang wurde ein Fallnetz angebracht, das aus der Ferne ausgelöst werden konnte. Durch Lockfutter vor und größere Futtermengen innerhalb der Hütte wurden die Türkentauben angeködert. Wenn über 20 Stück in der Falle saßen, wurde diese geschlossen und die Beute schnell und schmerzlos getötet. Sie war anschließend ein wertvolles Futter für die fleischfressenden Insassen des Zoos. Auf diese Weise wurden innerhalb einer Saison rund 1400 Tauben gefangen.

Trotz ihres Brutraumes innerhalb menschlicher Siedlungsgebiete sind Gelege und Jungvögel der Türkentaube zahlreichen Gefahren ausgesetzt. Die Feinde sind praktisch die gleichen, die auch das Leben der Ringeltaube bedrohen. Das Fehlen von Mardern innerhalb des Stadtgebietes wird durch umherstreunende Katzen reichlich ausgeglichen.

Literatur

AKKERMANN, R.: »Zur Biologie der Ringeltaube«, Oldenburger Jahrbuch, 1965, p. 43—81.

AMMANN, GOTTFRIED: »Die Kerfe des Waldes«, J. Neumann-Neudamm, Melsungen, 1959.

»Der Anblick«, Zeitschrift, Verlag Graz (Österreich), diverse Autoren 1948—1958.

ARON, E. S.: »Ringeltaubenrekordzahlen«, Deutsche Jägerzeitung, 10/1969.

BETTMANN, HELMUT: »Englische Tauben am Niederrhein?«, Zeitschr. f. Jagdwissenschaft, 4/1955. — »Zum Sozialverhalten der Ringeltaube«, Ornithologische Mitteilungen, 3/1970. — »Untersuchungen mit Hilfe neuer Altersmerkmale...«, Zeitschr. f. Jagdwissenschaft, 4/1970. — »Die Ringeltauben im Winter 1971/72«, Zeitschr. f. Jagdwissenschaft, 3/1972.

Brehms Tierleben, Bibliographisches Institut A.G., Leipzig, 1913.

CLANCEY: »Columba palumbus kleinschmidtii«, Syllegomena biologica, 1950.

COLLINGS, W. C.: The Food of some British Wild Birds, York.

DEMARTINI, C. und STEPANEK, O.: »Federwild in Wort und Bild«, Prag, 1962.

»Die Deutsche Jagd«, Zeitschrift, Verlag J. Neumann/Neudamm, diverse Autoren 1935 bis 1944.

»Der Deutsche Jäger«, Zeitschrift, F. C. Mayer-Verlag, München, diverse Autoren 1951 bis 1972.

»Deutsche Jägerzeitung«, Zeitschrift, Verlag J. Neumann/Neudamm, ab 1950 in Melsungen, diverse Autoren 1920—1934, 1950—1973.

EBER, G.: Untersuchung über das Verhalten und die Nahrung feldernder Brieftauben, Z. f. wiss. Zool. 3/4, 1962.

FEHRINGER, OTTO: »Vögel Mitteleuropas«, Carl Winters Universitätsbuchhandlung, Heidelberg, 1931.

FRIELING, HEINRICH: »Was fliegt denn da?« Frankhsche Verlagshandlung, Stuttgart.

GASOW, H.: »Bucheckern als Taubennahrung«, Ann. Epiphyties, 1962.

DERS.: Merkblätter des Niederwildausschusses des DJV, Nr. 6, 3. Aufl.

HARMUTH, DIETER: »Beobachtungen an Ringeltauben«, Der Falke, Zeitschrift, Nr. 8/1971, Urania Verlag, Leipzig/Berlin. — »Die Ringeltaube in der Gefangenschaft«, wie vor, Nr. 9/1972. — »Erläuterungen zur Kropfmilch der Tauben...«, 1973, Zeitschrift: Der Zool. Garten. — »Analytical studies of pigeon milk«, 1972, American Pigeon Journal, S. 200 ff.

HEINROTH, OSKAR und RUPPELL, WERNER: »Der Deutsche Wald«, Deutscher Verlag, Berlin, 1935.

HEINROTH, OSKAR und MAGDALENA: »Die Vögel Mitteleuropas«, Hugo Bermühler Verlag, Berlin-Lichterfelde.

ZU HOHENLOHE, ALEXANDER: »Tire haut!« Verlag Paul Parey, 1961.

Journal für Ornithologie, Verlag der Deutschen Ornithologengesellschaft bei F. W. Peters, Berlin, 1953—1958.

KLINZ, ED.: »Die Wildtauben Mitteleuropas«, A. Ziemsen Verlag, Wittenberg, 1955.

KNORR, EDMUND: »Die Vögel des Kreises Erkelenz«, Neuß, 1967.

LACK, D.: »Do English Woodpigeons migrate?« British Birds, 1955 July.

V. LUCANUS, FRIEDRICH: »Deutschlands Vogelwelt«, Verlag Paul Parey, Berlin, 1937.

MAAS, CLEMENS: »Die Vogelwelt unserer Heimat«, B. Kühlen-Verlag, Mönchengladbach, 1948.

MILNE, LORUS J. und MARGERY: »Die Sinneswelt der Tiere und Menschen«, Verlag Paul Parey, Hamburg und Berlin, 1963.

MÜLLER-USING, D.: »Diezels Niederjagd«, 20. Auflage, 1970.

MURTON, R. K. und WESTWOOD, N. J.: »The foodpreferences of Pheasants and Wood-Pigeons in relation to the selective use of stupefying baits«, British birds, 1963.

NAUMANN, JOHANN FRIEDRICH: »Naturgeschichte der Vögel Deutschlands«, Verlag E. Fleischer, Leipzig, 1836.

NIETHAMMER, G.: »Handbuch der Deutschen Vogelkunde«, Akademische Verlagsgesellschaft Becker & Erler KG., Leipzig, 1942. — »Die Vögel Deutschlands« (Artenliste), Akadem. Verlagsges., Frankfurt/M., 1964. — »Millionenschäden durch Ringeltauben«, Deutsche Jägerzeitung, 9/1969. — »Zur Mauser der Ringeltaube«, Journal für Ornithologie, 3/4, 1970.

NIETHAMMER, G. und PRZYGODDA, W.: »Zur Ernährung der Ringel- und Hohltaube«, Die Vogelwelt, 1954/2.

NOWACK, EUGENIUSZ: »Die Türkentaube«, Neue Brehmbücherei, A. Ziemsen Verlag, 1965.

Ornithologische Mitteilungen, diverse Autoren, Wiesbaden, 1948—1973.

PETERSON (-Mountfort-Hollom): »Die Vögel Europas«, Verlag Paul Parey, Hamburg-Berlin, 1954.

»Die Pirsch«, Zeitschrift, diverse Autoren, BLV-Verlagsges., München, 1951—1973.

STEINBACHER, Georg: »Knaurs Vogelbuch«, Droemersche Verlagsanstalt, München/Zürich, 1957.

STEINBACHER, JOACHIM: »Vogelzug und Vogelforschung«, Verlag Waldemar Kramer, Frankfurt/M., 1951.

SLUITNER, SANDOR: »Dunkle Ringeltauben aus Ungarn«, Deutsche Jägerzeitung, 17/1969.

TÖNNIES, G.: »Tribut der Wildbahn«, Der Deutsche Jäger, 22/1964.

TROOSWIJK, W. J.: Über die Ringeltaube in den Niederlanden, Itbon, Arnheim.

»Das Waidwerk«, Zeitschrift, diverse Autoren, Melsungen, 1949—1950.

»Wild und Hund«, Zeitschrift, Verlag Paul Parey, Berlin/Hamburg, 1920 bis 1944, 1950 bis 1973.

WINK, FR.: »Die Vögel Mitteleuropas«, Verlag Bund für Vogelschutz, Stuttgart, 1907.

Stichwortverzeichnis

Weitere Bücher der Reihe BLV Jagdbiologie

Einhard Bezzel
Wildenten

Aktuelle Fragen wie Wasserwild in Europa — Enten als Jagd- und Forschungsobjekt — Balz, Paarbildung — Nestbau — Brutpflege — Mauser — Schutz und Hege werden hier ausführlich behandelt. 155 Seiten, 32 Fotos

Roger Burrows /
Knut Matzen
Der Fuchs

Dieses Buch wendet sich an Jäger und interessierte Tierfreunde und gibt Antwort auf Fragen wie Naturgeschichte — Körperliche Merkmale — Bau und Revier — Nahrung — Sozialverhalten. 196 Seiten, 15 Fotos

Ruth und Detlev
Müller-Using
Das Murmeltier

Der Band gibt Auskunft über Stammesgeschichte — Ausbreitung — Spielverhalten — Winterschlaf — Krankheiten — Bedeutung für den Menschen. 112 Seiten, 16 Fotos

Wilfried Bützler
Rotwild

Diese Biologie des Rothirsches verfaßte ein Zoologe aus der Praxis angewandter Wildforschung heraus für den Jäger. Er beantwortet alle wichtigen Fragen über diese Tiergattung. 165 Seiten, 33 Abbildungen

Fred Kurt
Rehwild

Eine Biologie und Ökologie des Rehwildes, geschrieben von einem Biologen für Jäger. Diese umfassende Information beantwortet auch aktuelle Fragen und Probleme wie die Überpopulation. 174 Seiten, 25 Fotos, 30 Zeichnungen

BLV Verlagsgesellschaft mbH, München